中国高等教育
强省建设报告
（2024）

Report on
Buliding Strong Provinces of
Higher Education in China

（2024）

叶赋桂 程 莹 赵 鹤 纪效珲 著

上海交通大学出版社
SHANGHAI JIAO TONG UNIVERSITY PRESS

内容提要

本书对中国(不含港澳台地区)的 31 个省级行政区的高等教育竞争力进行全面分析,通过构建中国省域高等教育竞争力指标体系,测算各省高等教育竞争力指数,全面评价和研究各省级行政区高等教育竞争力水平、模式和特点。本书为政府和教育部门提供科学依据和指导意见,支持其进行规划、改革和决策,以推动各省高等教育高质量发展。本书适合政府官员、教育管理者、相关领域学者及研究人员等专业人士使用,广大读者可通过本书深入了解各省市高等教育竞争力的情况,以用于学术研究和决策服务。

图书在版编目(CIP)数据

中国高等教育强省建设报告. 2024 / 叶赋桂等著.
上海 : 上海交通大学出版社, 2025. 7. -- ISBN 978-7
-313-32071-1

Ⅰ. G649. 2

中国国家版本馆 CIP 数据核字第 2025T11E21 号

中国高等教育强省建设报告(2024)
ZHONGGUO GAODENG JIAOYU QIANGSHENG JIANSHE BAOGAO (2024)

著　　者:叶赋桂　程　莹　赵　鹤　纪效珲

出版发行:上海交通大学出版社　　　　　　　　　　地　　址:上海市番禺路 951 号

邮政编码:200030　　　　　　　　　　　　　　　　电　　话:021 - 64071208

印　　制:常熟市文化印刷有限公司　　　　　　　　经　　销:全国新华书店

开　　本:710 mm×1000 mm　1/16　　　　　　　　印　　张:12.25

字　　数:184 千字

版　　次:2025 年 7 月第 1 版　　　　　　　　　　印　　次:2025 年 7 月第 1 次印刷

书　　号:ISBN 978 - 7 - 313 - 32071 - 1

定　　价:78.00 元

前　言

一

党的二十大提出"加快建设教育强国",2025年1月,中共中央、国务院印发《教育强国建设规划纲要(2024—2035年)》,就教育强国建设的目标、任务等作了系统的规划部署。习近平总书记深刻指出:"我们要建成的教育强国,是中国特色社会主义教育强国,应当具有强大的思政引领力、人才竞争力、科技支撑力、民生保障力、社会协同力、国际影响力,为以中国式现代化全面推进强国建设、民族复兴伟业提供有力支撑。"这段话不仅鲜明地提出了教育强国建设的本质性要求、标志性成效和根本性标尺,而且科学地阐明了教育强国的内涵与特质,是教育强国建设理论和实践的指引。

建设教育强国,龙头是高等教育。只有高等教育强大了,教育强国才能真正实现。只有高等教育质量提升了,才有人才强国、科技强国、文化强国。只有高等教育发达了,才能建设创新型国家,托举中国式现代化。建设高等教育强国是一项系统的宏伟工程,需要高等教育界的奋斗,更需要全社会的努力。我国教育事业是中央政府统一领导和管理,地方政府负责落实;高等教育是以省级为主的办学和管理体制,因此高等教育强国建设的组织推进、全面落实和具体行动尤其需要省级政府承担责任和实际开展。换句话说,各省级行政区如果建成了高等教育强省,高等教育强国也就水到渠成了。

高等教育强省建设要以目标为导向,也要认清现状,摸清家底;需要有力的行动,也需要对行动效果的反思,如此才能不断校准方向,高质量高效率地建设高等教育强省。本书以省域高等教育竞争力为基础，对省级高等教育现状和发展进行评价。高等教育强省是现有实力的体现，竞争力则是发展能力的表述，前者是对现实力量的评价，后者是对未来潜力的估量。因此，对省域高等教育竞争力进行评估和考量，体现了高等教育强省建设的要求和内涵。

二

21 世纪以来，中国高等教育，无论是顶尖大学还是高等教育机构，整体都实现了惊人的发展，取得了优异的成绩，在世界高等教育中的地位和影响都有极大的提升，改变和重塑了世界高等教育格局。中国高等教育的进步和成就是多种因素作用的结果——国家经济、政治、文化实力的增强，政府对高等教育的慷慨投入，国家发展对高等教育的需求，民众对高等教育的热情，学者队伍的扩大，高等教育体制机制的改革，等等，而最根本的和最大的动力在于改革开放和竞争。

改革开放是中国社会政治经济变革和发展的最大动力，也是高等教育变革和发展的最大动力。改革，解放思想，更新观念，大胆创新，打破了旧的、僵化的束缚高等教育发展的体制机制，赋予各个高等教育主体以自主性，极大地激发了高等教育的活力和创造性，激活了高等教育的生机。开放，为中国高等教育打开了窗口，带来了全新的视野和天地，使中国高等教育看到了世界高等教育的先进水平和发展趋势，也认识到了自己的差距和不足，同时也启发了改革和发展的方向和目标，从而奋起直追，直道超车。改革推动了开放，开放启发了改革，改革和开放结合在一起，相互促进，为中国高等教育的现代化提供源源不断的动力。

改革开放在坚持党的领导下，以人民为中心，释放和激发了各级各类机构、部门和团体的主体性和能动性，由此形成不同主体、领域、区域之间的竞争。高等教育同样如此。在计划经济体制下，高等教育事业由中央集中领导和统一规划，根据国家战略需要，以均衡发展为基本原则，按行政区划进行布局，以行政命令手段调控和配置资源、教师和学生。地方政府和大学在高等教育发展和办学中的权力非常有限，也缺乏主动性和积极性，因此基本上没有出现高等教育竞争局面。改革开放后,国家以经济建设为中心,采取非均衡发展战略,引入市场机制,即使是国家政策,也不是全国统一和利益均沾,由此引发不同政府部门、地方政府、各级各类机构和团体竞逐国家政策和资源。在高等教育层面,国家向地方政府下放高等教育办学权和管理权,授予大学办学自主权,大学和地方政府办学的主动性和积极性由此被调动起来,高等教育的竞争开始形成。

20 世纪末以来,国家面对激烈的国际竞争,推动教育优先发展战略,把高等教育和科技置于国家战略地位,并连续推出"211""985""双一流"等高等教育重大政策和项目,建设高等教育强国。这些政策和项目不仅关乎各地高等教育的实力、地位和声望,更带有巨额的经费等资源,大学和地方政府为此展开激烈的竞逐。而且,随着经济发展和产业转型,地方政府越来越认识到高等教育特别是一流大学在地方经济发展中的作用。在高等教育大众化的趋势下,民众对优质高等教育的需要极为强烈,因此也给地方政府发展一流大学以巨大的呼声和压力。地方政府在多重现实需求、动因和压力下,大力推行各种政策、措施,积极发展优质高等教育。地方高等教育为争夺资源、权利、声望和地位,由此展开更为激烈的竞争。

其实,高等教育竞争不是什么新鲜事,20 世纪中期特别是 20 世纪末以来,人类社会进入又一个剧烈变革的时代,在这个时代,知识和技术成为决定性的力量,传统的资源、资本等要素的优势荡然无存,作为知识和技术策源地和生产者的高等教育及其研究就是国际经济政治斗争的利器和砝码,因此导致各国高等教育的全面竞争。高等教育的竞争不仅发生在国际层面,也存在于国家之中,更表现在大学之间。国际高等教育竞争、一流大学竞争最受决策者和学者关注,相关研究也非常之多,但对地方高等教育竞争的关注和研究却严重不足,而地方高等教育的发展及其质量才是教育强国的基础,特别值得探讨,更需要研究为其支撑。

三

本书是对中国省域(省、自治区、直辖市)高等教育竞争的全面考察和研究。全球高等教育都已进入竞争时代,区域高等教育竞争愈演愈烈,不同区域为获得竞争优势正制定强有力的高等教育发展战略,探索创新驱动的高质量发展路径和模式。中国省域高等教育竞争在政治、经济、社会等多种因素的推动下,正迈入新的阶段,不同省份根据自身的条件和优势规划和实施教育强省建设。为对省域高等教育竞争力有深切和准确的把握,本书首先对竞争力和高等教育竞争力作了概念溯源和理论明晰,对竞争力评价进行了较为系统的梳理和论析,进而对国际上重要的有影响的竞争力评价指标体系和报告进行了深入分析和探讨。在此基础上,结合既有的经验和研究基础,构建了省域高等教育竞争力指标体系。通过数据处理和分析,测算出各省高等教育竞争力指数,全面衡量了各省高等教育竞争力水平。以数据分析为线索,本书进一步考察了不同省份发展高等教育的战略、举措和具体过程及成效,并归纳总结出省域高等教育竞争力的五种发展模式。

省域高等教育竞争力的研制和分析,需要能精确体现和映照高等教育竞争力的指标,更需要坚实的数据支撑。在指标研制上,我们较为全面地收集了现有的各种竞争力指标,包括国际、经济、政治、创新等竞争力指标,当然更涵盖科技、教育、高等教育等竞争力指标。在对这些指标进行详尽比较分析的基础上,我们构建了中国省域高等教育竞争力分析框架和指标体系,然后根据这个指标体系收集数据。显然,一切数据的类型和质量都是令人不满意的,有的指标数据完全不可得,有的指标数据不完整,有的指标数据质量很差。在综合权衡指标和数据后,我们确立了最终的中国省域高等教育竞争力评价指标体系。通过这个指标体系和数据,计算出省域高等教育竞争力指数和排名。我们将这个指数和排名与其他评价和排名作了比析,并和有关专家进行了讨论,总体上是可靠可信的,相当准确地反映了高等教育竞争力的现实样态和实际情况。

高等教育竞争力的表现有数量上的,也有品质性的。数量反映总体的表现和特征,品质揭示内在的性能和特质;数量是竞争力的标志和象征,品质是竞争力的成因和本源。作为第一份省域高等教育竞争力报告,本书特别对中国省域高等教育竞争的形成和发展进行了历史分析,对高等教育竞争力表现的典型省份做了案例研究,并归纳出省域高等教育竞争力的教育资本驱动、经济市场驱动、地方政策驱动、区位秉赋驱动和国家扶持驱动的五种模式。本书希望以此深化对高等教育竞争力的理解和认识，为提升高等教育竞争力提供策略和路径。

四

本书的论题是程莹老师于 2020 年提出的，2021 年在软科的资助下，清华大学教育研究院和软科组成中国省域高等教育竞争力研究课题组，软科为研究提供了全部的数据支撑，清华大学教育研究院主要承担指标体系的构建、数据分析和报告工作。受疫情影响，研究工作有些迟滞，未能按原计划完成。2024 年，我们终于完成这份研究报告。在研究过程中，我们密切沟通，精诚合作，集思广益，合力同心。这不仅是一次愉快的研究历程，更是一段充满兴味和激情的学术之旅。

中国省域高等教育竞争力课题组的成员有程莹、苗耘、张松、朱建梅、叶赋桂、赵鹤、纪效珲、焦灵波、杨柳等。感谢课题组成员奉献的智慧和热情，付出的辛劳和努力！

上海交通大学出版社姜艳冰编辑为本书的出版做了大量专业而细致的工作，在此深表敬意和感谢！

目　录

绪　论

进入 21 世纪以来,高等教育在国家、社会和个人的发展中扮演着日益重要的角色,在培养人才、促进创新和提高国家综合竞争力方面显现出重要影响。高等教育在经济全球化的背景下也走向全球化,世界各国都在纷纷谋划本国高等教育的未来发展,以在国际竞争中占据优势地位。同时,在一国之内,区域和地区之间为了促进经济、社会发展,满足本区域民众的高等教育需求,也大力改革和发展高等教育。可以说,对高等教育及其实力的追逐已在国际、区域和地方等不同层次展开,由此也产生了高等教育竞争力的概念和研究。

高等教育竞争力是反映一个地区高等教育的整体水平和发展潜力的指标,也是衡量一个国家经济活力、创新能力以及综合竞争力的重要指标。对我国省域高等教育竞争力的评价和研究,有助于更好地展现各地区高等教育发展现状,为政府和教育部门进行规划、改革和决策提供科学依据与指导意见。本书围绕高等教育竞争力这一核心概念,通过建立中国省域高等教育竞争力指标体系,对全国 31 个(不包含香港、澳门和台湾地区)省域的高等教育竞争力情况开展综合分析,旨在推动各省的高等教育实现高质量发展,增强其服务地方的能力,发挥优势地区的引领作用,进一步提升整体竞争力。

第一节　竞争时代的高等教育

在全球化和知识经济飞速发展的今天,高等教育不仅是人才培养的基础,也是国家和地区综合竞争力的重要组成部分。研究高等教育竞争力有助于揭示各地区高等教育发展的优势和短板,提升各地区高等教育质量和创新能力,以使各地区更好地适应经济社会的发展需求,实现可持续发展。

一、全球进入知识经济的竞争时代

过去的三四十年里,"全球化""竞争力"和"知识经济"是三个强有力的叙事话语。全球化时代,世界经济的决定性特征之一即各国经济之间的竞争不断加强,在这场竞争中,传统的资源优势逐渐失去重要性,知识成为经济增长的主要因素。[①] 知识具有三个非常重要的特征:可以被反复使用而不被消耗,可以被许多个人同时使用,可以在不同的地点同时使用。与普通商品和服务有很大不同,知识不仅可以为其创造者产生经济价值,经过传播后,也有可能为许多其他用户产生经济价值。知识对社会的总体价值随着其被他人共享和使用的程度而增加,对社会和经济发展起着加速度作用。[②]

"知识经济",即知识的创造及作为生产过程的"投入项"成为实现经济繁荣和提升竞争力的重要因素。[③] 知识经济的概念植根于广泛的经济和社会理论中。美国著名管理学家彼得·德鲁克(Peter Drucker)对知识经济和知识社会作出了预测和论断,他深刻地洞察到,在即将来临的知识时代里,机器、厂房这些传统资源会被知识取代,知识将成为下一个社会的主要生产动力,[④]从而将知识经济限定为一种更加依赖智力能力而不是物质投入或自然资源的经济体系,并提出了"知识工作者"一词。知识工作者是指那些以知识为基础,主要从事思考、创新和知识产出的人群,如科学家、工程师、教育家、艺术家、专业人士等,其专业知识就是自己的"生产工具",可以主动地整合资源、创造价值、促成经济、社会、文化,甚至政治局面的改变。在知识社会中,知识工作者的角色将变得更加重要,他们的创造力、智慧和创新能力将成为推动社会进步和经济发展的主要力量。1962 年,美国经济学家弗里茨·马克卢普(Fritz Machlup)出版

---

① Ngai-Ling Sum, Bob Jessop. Competitiveness, the Knowledge-Based Economy and Higher Education [J]. Journal of the Knowledge Economy, 2013(4): 24 - 44.

② Timothy Hogan. An Overview of the Knowledge Economy, with A Focus on Arizona [R]. Tempe: Arizona State University, 2011: 1.

③ Timothy Hogan. An Overview of the Knowledge Economy, with A Focus on Arizona [R]. Tempe: Arizona State University, 2011: 1.

④ Fred Phillips, Ching-Ying Yu, Tahir Hameed et al. The Knowledge Society's Origins and Current Trajectory [J]. International Journal of Innovation Studies, 2017, 1(3): 175 - 191.

了《美国知识的生产和分配》(*The Production and Distribution of Knowledge in the United States*)一书。在这本书中,马克卢普引用"知识产业"概念,将知识产业划分为教育、研究与开发、大众传媒、信息技术、信息服务五个部门,据此计算出 1959 年美国国民生产总值的 29% 是在知识产业中产生的,以说明知识产业成为美国国力持续增长的不竭动力。① 20 世纪 90 年代,"知识经济"概念日趋成型,不过仍未形成一致定义,最为人熟知的是经济合作与发展组织(OECD)的释义,该定义将"知识经济"描述为建立在知识和信息的生产、分配和使用之上的经济体系;②1998 年,世界银行提出"为了发展的知识",将"知识经济"这一概念进一步推向全球范围。

　　20 世纪 90 年代以来,随着科技的迅速发展和信息技术的普及,世界经济开始由传统经济向知识经济转型。在科技发展的推动下,对知识的探索、传播和应用变得越来越重要,发达国家加强了对知识创新和技术创新的投入,重视科技和知识产出,积极推动科技与经济的融合,率先建立了面向知识经济的国家创新体系。知识经济的到来,还产生了诸如专利、版权、专有软件和知识处理等无形资产,为传统产业提供了先进的技术和设备,使传统产业的技术水平不断提高,产业实现升级和转型。21 世纪初,发达国家的知识经济产业成长迅速。根据经合组织的数据,成员国知识经济产业在全部企业部门增加值中的比重已超过 26%,一些国家如美国、德国和加拿大等,这一比重甚至超过 30%,知识经济产业为 OECD 主要成员国贡献了一半的 GDP 增长;不仅如此,这些国家的经济周期还发生了明显的变化,特别是经济增长期延长,比如美国 20 世纪 90 年代持续高速增长达 110 个月以上,其中,知识经济的贡献功不可没。③

　　知识的生产、扩散和应用在当今世界发挥着越来越重要的作用,对于个人、企业和国家来说,拥有和应用知识是提高竞争力和适应社会变革的关键要素。在全球化的知识经济社会中,知识是竞争的工具,知识的重要性取决于对

① ［美］弗里茨·马克卢普.美国的知识生产与分配[M].孙耀君,译.北京:中国人民大学出版社,2007:307.

② OECD. The Knowledge-Based Economy [C]//OECD. STI Outlook, Paris:OECD, 1996:3.

③ 杜希双.基普分析之十四:中国与发达国家知识经济发展比较分析[EB/OL]. http://www.stats.gov.cn/ztjc/ztfx/decjbdwpc/200306/t20030611_38566.html#,2003－06－13.

完成任务的作用,因此知识社会需要具备对知识的生产、分配、消费、管理的功能,高等教育就是串联"全球化""竞争力"和"知识经济"的重要角色。高等教育发挥着培养人才、推动科研创新、提高国家竞争力的关键作用,是国家未来发展的重要战略资源,其重要性不言而喻。建设高质量、具有高竞争力的高等教育体系正日益塑造全球高等教育未来的政策和议程。

二、高等教育成为提升国家和地区竞争力的决定性要素

第二次世界大战以来,高等教育对国家和个人的进步都起到直接的推动作用。通过知识创造,大学成为技术进步的引擎:"20 世纪初,世界上 16 亿人口中有 86％生活在农场,在火光中生存和死亡;当 20 世纪结束时,世界上 60 亿人口中大约有一半生活在充满了电力的城市里。人类曾在月球上行走,分裂了原子,并利用大学里科学家们发现的知识将整个城市夷为平地。他们通过大学研究实验室发明的技术治疗疾病并延长寿命。他们的计算机通过政府资助大学开发的网络来进行交流。"此外,高等教育也助推了个人的进步。随着科技和经济的发展,大学为人们提供了发展事业所需的技能:"随着全球化和自动化的第一次震动,工厂开始向服务业倾斜,高等教育为美国知识经济提供了装备"。①

四十多年前,高等教育都是在大学里进行,当时教、学内容主要涵盖人文、自然、社会科学方面的高度概念性智识性技能,培养医学、工程、法律等少数领域的专业人才,以及一些不求实利的高级研究、学术课题。② 过去 20 年里,人们对高等教育支持经济竞争力方面所具有的关键作用的认识发生了显著变化。其实,在迈克尔·波特(Michael Porter)1990 年《国家的竞争优势》(*Competitive Advantage of Nations*)一书中,关于高等教育对国家竞争力的影响其实讨论并不算多,波特教授当时的重点主要是企业对于培养国家竞争优势方面的作用。而当今时代,尽管各国情况不尽相同,但高等教育发展却显现出共同的趋

---

① ［美］瑟夫·E.奥恩.教育的未来:人工智能时代的教育变革[M].李海燕,王秦辉,译.北京:机械工业出版社,2018:15.

② Paulo Santiago, Karine Tremblay, Ester Basri et al. Tertiary Education for the Knowledge Society [R]. OECD, 2008:13.

势：高教系统扩大、学制多样化、学生队伍多元化、女性学生人数增加、高教资
金供给来源多样化、问责制和业绩越来越受重视，以质量促发展等。[①] 高等教
育的共同趋势背后的动力在于国家对高等教育提升经济发展和国家竞争力的
认识和行动。

　　与普通基础教育不同，由于具有更为灵活的教育管理模式，普通高等教育
在创新、高端科技、高端技能培养等方面具有更为明显的优势，这使其对国家
经济社会的发展质量具有更为显著的贡献——高等教育的知识和创新本质能
够直接作用于国家的综合生产和技术发展，此外，由于集中了更多专业人才，
高等教育在科技研发上具有基础教育难以比拟的优势，从而对创新产业提供
帮助。人们意识到，在越来越受知识驱动的全球经济中，高等教育是推动经济
竞争力的重要环节，高等教育发展不仅在很大程度上由国家经济和综合实力
而定，高等教育体系发展的数量和质量指标也是社会经济发展和创新发展的
标志，它们奠定了一国国家竞争力的基础。因此，促进高等教育发展日益成为
备受重视的国家大事。对于已经是高等教育强国的发达国家而言，高等教育
已然在其历史进程中形成了国家竞争优势。我们可以清楚看到，美国高等教
育的实力绝不只在于规模、体量和硬实力，更依赖国家的经济活力。高等教育
的创造力、创新精神和创业精神，才是美国高等教育的竞争优势。[②] 欧洲拥有
深厚的知识和研究基础，但相比美国、日本未能成功转化为创新动力，因此欧盟
将成为世界领先的知识经济体作为发展目标而不懈努力，特别重视在研究、高等
教育和创新这三方面的表现，着力解决这一"欧洲悖论"。[③] 我们还观察到，更多
发展中国家也都把高等教育与他们的国家竞争力战略联系起来。从圭亚那到印
度尼西亚，从格鲁吉亚共和国到卡塔尔，这些发展中国家的政府都不断给高等
教育机构投入新的资源，以培养更多的高技能劳动力，建设研究和科学园区，

① Paulo Santiago, Karine Tremblay, Ester Basri et al. Tertiary Education for the Knowledge Society
[R]. Paris: OECD, 2008: 14.

② David Attis. Higher Education and the Future of U. S. Competitiveness Higher Education [EB/
OL]. https://www.educause.edu/research-and-publications/books/tower-and-cloud/higher-education-
and-future-us-competitiveness, 2023 - 06 - 05.

③ Marijk van der Wende. European Responses to Global Competitiveness in Higher Education [J].
Research & Occasional Paper Series, May 2009.

以帮助推动创新和科学研究,并以开放的态度引进国外优质的高等教育资源,以联合伙伴关系、国际分校、建设教育枢纽等多种形式促进国家能力建设。①

三、中国高等教育走向科技、创新驱动的高质量发展之路

中国同样十分关注高等教育。党中央和国务院高度重视高等教育事业,习近平总书记在致中国人民大学建校 80 周年的贺信中指出,"党和国家事业正处在一个关键时期,我们对高等教育的需要比以往任何时候都更加迫切,对科学知识和卓越人才的渴求比以往任何时候都更加强烈"②。自党的十八大以来,我国高等教育事业取得了历史性的成就和格局性的变化。根据教育部发布的数据,我国高等教育的毛入学率从 2012 年的 30% 提升至 2021 年的 57.8%,增长了 27.8 个百分点,高等教育在学总人数超过 4 430 万人,全国接受高等教育的人口达到 2.4 亿,相当于全中国每 6 个人中有 1 个接受过高等教育。③ 这一历史性跨越显示我国高等教育迈入普及化阶段,彰显了高等教育的蓬勃发展和巨大成就。当前,中国已经建立起世界规模最大的高等教育体系,实现了高等教育从大众化向普及化的转变,从增量改革向存量改革的转变,以及从传统人才培养模式向创新型教育模式的转变。这一系列变革使得中国的高等教育整体实力与办学质量达到历史最高水平,为国家的经济发展、社会进步和科技创新注入了源源不断的活力,有助于提升全民族的素质和优化劳动力素质结构,为实现中华民族伟大复兴的中国梦提供智力支撑和人才支持。建设教育强国的龙头是高等教育,办好高等教育是国家发展的重要任务,可以说,如今的高等教育比历史上的任何时期都更加接近高等教育强国的发展目标。

高等教育竞争力源于并服务于国家竞争力。国家竞争力是一个国家在国际竞争中展现的综合性实力,包括社会经济、文化、教育、科研、人才等多种要素。在传统经济时代,竞争力的核心要素主要是自然资源、劳动力资源和物质

---

① Jason E. Lane. Higher Education and Economic Competitiveness [C]//Jason E. Lane, D. Bruce Johnstone. Colleges and Universities as Economic Drivers: Measuring Higher Education's Contribution to Economic Development. New York: State University of New York Press, 2012: 12.

② 习近平.习近平书信选集(第一卷)[M].北京:中央文献出版社,2022:136.

③ 教育部高等教育司.历史性成就,格局性变化:高等教育十年改革发展成效[EB/OL]. http://www.moe.gov.cn/fbh/live/2022/54453/sfcl/202205/t20220517_627973.html, 2022 - 05 - 17.

资源的占有,而在当今的知识经济时代,知识、人才和科技创新已经成为决定竞争力的核心要素,国家间的竞争将主要体现在科学技术和人才的竞争上。[①]因此,只有推动高等教育的发展,培养更多的高素质人才,加强科技创新和国际合作,国家才能在激烈的国际竞争中脱颖而出。为此,我国高等教育要在历史成就基础上向科技和创新驱动的高质量发展方向迈进。

科技创新能力是推动社会变革的重要力量,也是综合国力竞争的决定性因素。[②] 由欧美主导的科技创新格局逐步向美国、欧洲、东亚三足鼎立转变,预示着世界创新中心向东方转移。[③] 面对新一轮科技革命浪潮,党和政府高度重视科技事业。2016 年 5 月,中共中央、国务院发布《国家创新驱动发展战略纲要》,明确提出了我国建设世界科技强国的"三步走"战略目标。2018 年 5 月,习近平总书记在中国科学院第十九次院士大会、中国工程院第十四次院士大会上讲话指出:"进入 21 世纪以来,全球科技创新进入空前密集活跃的时期,新一轮科技革命和产业革命正在重构全球创新版图、重塑全球经济结构"[④],"中国要强盛、要复兴,就一定要大力发展科学技术,努力成为世界主要科学中心和创新高地"[⑤]。

科技的进步离不开科技人才的专业能力和综合素养。高等教育在人才培养与科学研究中扮演的角色不容小觑,高等学校承担着科学研究使命,是培养高层次科技人才的主阵地。我国高等学校在建设创新型国家的过程中肩负重要责任,为大批优秀的科技人才提供了科研和创新平台,不断为国家输送大量的专业人才和创新人才,致力于开展最前沿的科学研究,推动科技成果的转化和应用。尽管我们国家为科技人才提供了良好环境,对于人才的重视程度也日益加强,"但目前,我国'高精尖'科技人才仍然存在较大的供给缺口,科技人才投入整体不足,且在行业、领域、区域间的配置不均衡,有利于科技人才成长

① 康凯,高晓杰.提升高等教育竞争力是我国高教强国建设的核心[J].国家教育行政学院学报,2019(07):8-13.

② 彭青龙,任祝景.科技创新与高等教育:访谈丁奎岭院士[J].上海交通大学学报(哲学社会科学版),2020(03):1-11.

③ 彭青龙,任祝景.科技创新与高等教育:访谈丁奎岭院士[J].上海交通大学学报(哲学社会科学版),2020(03):1-11.

④ 习近平.论科技自立自强[M].北京:中央文献出版社,2023:198.

⑤ 习近平.论科技自立自强[M].北京:中央文献出版社,2023:199.

的政策环境和保障机制建设尚待加强。"①

四、客观正视我国区域高等教育发展不均衡

作为一种社会经济现象,区域化发展不均衡现象是随着社会经济发展水平的提高而逐步显现的。我国是一个拥有庞大人口和广阔地域的国家,近代以来更形成了东部沿海地区相对发达、西部和中部地区相对落后的格局。改革开放后,东部地区凭借其地理区位优势和政策先发优势率先实现了快速发展,珠三角、长三角、京津冀等地区更是步入了经济高速增长的轨道,为中国经济的繁荣发展作出了巨大贡献;与此同时,地区发展差距问题也逐渐显现出来,尤其是在20世纪90年代,我国东、中、西部地区的差距急剧拉大。②

我国区域化发展的不平衡格局深刻影响了高等教育。随着我国高等教育规模的不断扩大,高等教育结构、质量、效益以及供给和配置方式等方面也发生了重大变化。然而,受到历史、政治、人口、文化等多种因素影响,这些高等教育的发展和变化在不同区域之间并不均衡,发达地区和欠发达地区所拥有的高等教育资源悬殊,造成了地区间的教育差距,高等教育的区域性差异越来越明显。区域高等教育既属于区域经济社会的一个子系统,也是国家高等教育的一个子系统,这使得区域高等教育的运作更加复杂,需要与本区域、其他区域乃至整个国家的经济社会系统与高等教育系统进行物质、能量和信息交换,以满足地区的教育需求和经济社会发展的要求,并实现资源共享和合作发展。③

鉴于这种复杂性,多年来,我国在推进高等教育均衡发展中做了很多努力,但是由于经济和社会发展水平的区域差距,以及高等教育融合发展和地区政府守住"红利"之间的博弈矛盾导致的现实屏障等原因,高等教育高质量发展在区域之间尚未均衡,甚至有些领域的差距在拉大。④ 1999年扩招以来,区

① 彭青龙,任祝景.科技创新与高等教育:访谈丁奎岭院士[J].上海交通大学学报(哲学社会科学版),2020(03):1-11.
② 刘学良,续继,宋炳妮.中国区域发展不平衡的历史动态、表现和成因:东西差距和南北差距的视角[J].产业经济评论,2022(02):152-167.
③ 赵庆年.区域高等教育差异发展问题研究[M].广州:华南理工大学出版社,2010:2.
④ 彭妮娅,黄红武.关于构建区域高等教育高质量一体化发展评价体系的若干思考[J].中国高教研究,2022(08):24-29.

域高等教育发展差异不但没有缩小反而加大,到 2008 年的近十年间,高等教育毛入学率最高的上海在 60％左右,而最低的贵州只有 11.8％。① 在我国经济社会的"二元结构"的作用下,处于东部和经济发达地区的高校,受惠于所在城市的政治地位、经济水平,高等教育发展势头良好;但在欠发达地区,高校与所在地区经济发展很难相互促进,加剧了我国高等教育区域发展的不均衡。② 东西部高校甚至同一地区不同高校间已经出现资源的不对称,产生"马太效应",巨大的发展差距造成带有强烈痛感的区域间的"撕裂现象",成为影响"教育强国,科技兴国"战略持续发挥作用的短板,可能会影响整个高等教育体系的稳定、协调和高质量发展。③

必须要承认,高等教育区域发展的差异是客观且长期存在的。通过客观数据和指标了解不同地区高等教育的发展水平,对比不同地区的高等教育的规模、资源占有、科研产出、创新发展等指标,可以帮助我们了解地区高等教育发展问题的真实情况。此外,不能忽视区域高等教育发展是一个动态过程,在国家和地方的政策扶持之下,一些欠发达地区正在积极推进高等教育发展,鼓励地区间的合作与交流,促进高等教育资源的优化配置和共享,以促进区域高等教育的协调发展。

第二节　中国省域高等教育竞争的意义

对各省而言,在区域发展不平衡的整体态势之下,了解自身竞争力有助于实现优势互补与合作,寻找契合本地区竞争力发展的多样化路径,发挥地方特色。总之,高等教育竞争力研究对国家和各省的发展战略、人才培养和综合竞争力提升具有重要意义。

一、提升高等教育竞争力制胜国际竞争

近二十年的时间里,在国家经济迅速发展和改革开放政策不断深化的背

① 赵庆年.区域高等教育差异发展问题研究[M].广州:华南理工大学出版社,2010:1.
② 邬大光.把握高等教育发展的新格局:更加公平更有效率更具品质引领未来[N].光明日报,2020-11-10(14).
③ 陈彬,温才妃.区域高等教育如何跨越"马太效应"陷阱[N].中国科学报,2021-03-09(05).

景下,中国在全球范围内表现了较为出色的综合竞争力。根据世界经济论坛(World Economic Forum)发布的《全球竞争力报告》(Global Competitiveness Report),我国的国际竞争力排名有所提高:2000年中国排名约在第30位,2010年则上升到第27位。新冠疫情前的2019年,中国的排名在经历小幅度下滑之后又稳定于第28位,是迄今为止金砖国家中表现最好的国家,领先俄罗斯联邦(第43位)15位,领先南非(第60位)32位,领先印度(第68位)和巴西(第71位)40余位。[①] 这些变化引起了世界的关注,美国德勤公司曾这样评价:"过去三十年,中国的发展复兴史无前例……中国有可能在数个重要领域成为全球领袖,而这些领域正是未来数十年全球增长的重要基石"[②];"美国竞争力计划"中更是一百余次提到中国。中国在全球竞争力排名中的出色表现很大程度得益于我国高等教育和科技创新所取得的瞩目成就——近几年中国的研发支出一直在大幅攀升,中国目前是全球研发支出第二大国,投入规模仅次于美国,2021年,我国R&D经费投入与GDP之比达到2.44%,接近OECD国家平均水平。[③] 当然我们也必须保持清醒,一方面与发达国家仍有一定差距,另一方面过去30多年的经济变革模式已经不适应当前的经济发展需要,需要进一步探索转型路径和新发展模式。

从国际竞争来看,发达国家的国际竞争力很大程度上得益于领先的高等教育体系。美国被广泛认为拥有全球最优秀和最具竞争力的高等教育系统,其全球竞争力的排名也领先世界,秘诀就在于其高等教育系统培养出大量的科学家、工程师、学者等杰出人才,为科技创新和产业升级提供了强大支撑。因此,提升高等教育竞争力在美国的国家政策中占据重要地位:从布什政府的《美国竞争力计划》(American Competitiveness Initiative)到奥巴马政府的《2009美国复苏与再投资法案》(American Recovery and Reinvestment Act of 2009),高等教育竞争力与科技创新一直是21世纪以来美国政策与法令中频

---

① 德勤团队.中国:迎接下一波增长浪潮[R].德勤公司,2014.

② 注:整理自当年《全球竞争力报告》.

③ 国家统计局.新动能苗壮成长 新经济方兴未艾:党的十八大以来经济社会发展成就系列报告之九[EB/OL]. https://www.stats.gov.cn/xxgk/jd/sjjd2020/202209/t20220926_1888675.html, 2022-09-26.

繁提及的关键词。在这些吸引眼球的政策关键词背后,是美国政府保持全球经济领先战略对高等教育前所未有的倚重,是美国政府在高等教育领域的野心。以知识经济为主导的 21 世纪新一轮的全球竞争当中,美国政府将科技创新与竞争力发展视为高等教育的使命,并将其作为国家发展战略加以规划。

当前,世界正经历百年未有之大变局,科技创新正在引领社会生产新变革,重构全球创新版图和经济结构,科技和人才的竞争不仅是国际竞争的焦点,也成为国家间博弈的核心。近年来,我国的国际发展环境持续恶化,主要源自以美国为首的西方国家的打压。从特朗普政府到拜登政府,中美科技竞争呈现出新的形势。拜登政府延续了特朗普时期对中国的科技围堵,于 2022年 10 月 12 日发布了的《国家安全战略》(National Security Strategy),将中国视为其"在重塑国际秩序方面唯一的竞争对手",并企图进一步压制中国"愈发拥有的经济、外交、军事和技术实力"。在高技术领域升级竞争策略,采用"选择性脱钩"等新举措,旨在遏制中国的崛起。[①] 因此,面临新形势带来的挑战,我们要不遗余力地加快建设高质量的高等教育体系,提升高等教育竞争力以及科技创新能力,大力加强急需领域学科专业建设,显著提升人才培养能力,加快实现高水平科技自立自强,以国家战略需求为导向,集聚力量进行原创性、引领性科技攻关,全面增强自主创新能力,不断提升国家的综合竞争能力。

二、促进区域高等教育与经济社会均衡发展

中国高等教育已经走过了大规模增长的阶段,而现阶段高等教育的改革与发展重点转向调整结构、提升内涵、确保质量、提高水平。在新时期如何进行全面战略布局、规划和统筹协调,更好地促进区域高等教育事业的健康发展,从而推动区域经济和社会的繁荣进步,已成为建设高等教育强国的迫切要求。长期以来,随着经济发展水平的不断提高和高等教育体制改革的不断深入,每一个区域无不在努力构建着本区域的高等教育体系,比如高等教育龙头广东省发布的《高等教育"冲一流、补短板、强特色"提升计划实施方案

---

① 孙承.与中国的竞争贯穿每一章节:美新版国家安全战略对华更趋强硬[EB/OL]. https://www.voachinese.com/a/china-national-security-strategy-20221015/6790677.html,2022 - 10 - 15.

(2021—2025 年)》中明确了本省高等教育的建设目标:"到 2025 年,全省高等教育分层分类特色发展的格局进一步完善,内涵发展水平显著提升,培育一批大平台、大项目、大成果,全省高校的综合实力、核心竞争力和国际影响力持续提高,更多高校进入国家'双一流'建设行列,培养更多一流专业人才,高等教育支撑经济社会高质量发展的能力显著提升。"事实上各省都在不同维度制定了高等教育的发展目标和要求,以期促进区域高等教育在规模、类型和层次上的不断发展。

随着高等教育的区域化特征不断凸显,区域内高等教育的有序性逐渐增强,然而从国家层面来看,教育资源往往大量流向发达地区,进而导致区域高等教育之间的差异扩大,或者因结构雷同而导致效益低下等问题。① 因此,我们的目标是基于各个区域高等教育的有序发展,从整体上实现高等教育在全国的有序推进。从这个意义上来说,从区域层面审视高等教育的发展状况,并从区域视角探索高等教育改革的着力点,对于加强高等教育与经济发展之间的良性互动、促进区域均衡发展和优质发展具有重要价值。关键在于如何充分发挥各地区的发展优势,在人才培养质量、科学研究、社会服务、学科专业建设、政产学研合作等方面寻求有针对性的改革举措,以实现高等教育的均衡发展和竞争力的提升。

三、探索省域高等教育高质量、多样化发展路径

地区的高等教育结构和人才培养模式是影响经济发展的重要因素,也是各国宏观经济决策者关注的焦点。很多国家都把高校服务地方发展提到议程上来,搭建高等教育与区域之间的桥梁,比如美国大学中心计划,为社区、县、地区、非营利发展组织提供管理和技术支持方面的服务,协助公司开展技术转化;又如加拿大联邦政府的太平洋创新基金,用于支持太平洋地区四个省的大学与商业部门建立合作关系,承担和当地商业发展相关的研发工作等。② 而美国加州的总体规划理顺了本地区的高等教育发展关系,更加精准地确定各个

---

① 郝瑜,孙二军.区域高等教育发展战略与政策保障[M].北京:社会科学文献出版社,2014:204.
② 经济合作与发展组织.高等教育与区域:立足本地制胜[M].清华大学教育研究院,译.北京:教育科学出版社,2012:171.

层次的人才需求,合理配置教育资源,确保不同层次的学习机会和发展路径,成功地解决了人才培养结构与市场需求之间可能出现的错位问题,这样的规划有助于优化高等教育结构,使其更加贴近本地区社会经济的实际需求。[①] 高等教育发展的"加州模式"通过搭建多样化和开放性的高等教育体系,鼓励创新和创业精神,基于研究和创新的发展主线,通过产学研合作,实现了学术研究成果与实际应用的有效结合,将科技成果转化为拉动经济增长和社会进步的引擎。

加州高等教育的发展模式是一个值得借鉴的成功范例,对中国而言,地区高等教育如何走出一条高质量、特色化的发展之路是当前和未来面临的重要议题。中国作为高等教育后发国家,在新中国成立以来的发展历程中,形成了高等教育省级统筹与分省建设的发展路径,我们必须充分认识到省域高等教育体系建设对于国家高等教育整体发展的重要意义。[②] 高等教育省级统筹和建设有利于因地制宜地推进高等教育,发挥地方特色和优势,使得高等教育体系的建设更具活力和有效性。高等教育体系的省域布局还与区域集聚密切相关。目前,中国已经形成了一些区域发展增长极,如京津冀、长三角、粤港澳、成渝地区等,这些地区要实现跨省域的城市群联动发展,一方面需要依赖特色鲜明、类型多样的大学群作为智力引擎,另一方面更需要加强省域高等教育体系与整个区域的互动。[③]

第三节　中国省域高等教育竞争模式

本书对省域高等教育竞争力开展追踪与评价,目的在于为各省提供参考指标,帮助其了解自身在全国范围内的竞争地位和发展水平;通过排名和省域外的横向对比,找出各地区的比较优势和问题所在;同时,基于本省的高等教育竞争力发展情况,为当地政府、教育管理部门和高等院校决策和管理提供重要参考,促进高等教育体系向优质、高效、协调、可持续的方向发展。

---

① 马万华.功能分层:美国加州高等教育总规划的借鉴[J].中国高等教育,2008(02):60-62.
② 马万华.功能分层:美国加州高等教育总规划的借鉴[J].中国高等教育,2008(02):60-62.
③ 宣勇,翁默斯.论高质量高等教育体系的系统建构[J].中国高教研究,2022(09):25-31.

一、为省域高等教育竞争力的比较提供参考指标

随着高等教育迈入普及化阶段,高等教育质量问题成为政府和社会关注的焦点。提升质量的前提是客观全面展现各省高等教育的发展水平。通过评价研究,可以全面了解各省的教育资源、人才培养、科研水平等方面的情况,并将这些指标进行综合分析,形成具有代表性的评价结果。通过建立相关高等教育竞争力评价体系,为各省提供一个全面了解自身高等教育发展状况的途径,基本摸清各个省高等教育资源、力量、成果、效益等方面的表现情况。解构高等教育竞争力概念时,综合考量评价维度,以更加科学、全面和准确地反映高等教育的竞争力。其中最重要的一步就是选择合适的指标,所选取的指标首先应该覆盖高等教育的各个重要方面,如高等教育规模、学科建设情况、师资水平、科研成果等,尽可能提供全面且具有代表性的评估;此外,选择可衡量和可比较的指标,以利于量化和对比,从而得出相对的排名和优劣势等结论。

二、横向对比提炼不同的高等教育竞争力发展模式

通过对各省高等教育竞争力发展历程的综合分析,清晰把握自身的发展特点和存在问题。各省高等教育竞争力发展兼具共性和个性,比如:一些省份在高等教育中注重研发创新(研发创新驱动模式),聚焦某些领域的优势,在特定领域进行深耕和创新,产出一批具有影响力和竞争力研究成果,提升整体的竞争力;有些省份注重国际化发展(国际化引领模式),以国际化为引领方向,推动学术研究和教学水平的提升,借助国际平台,促进本省的影响力和竞争力;有的省份的高等教育发展与地方经济密切相关(地方经济带动模式),紧密结合地方经济需要,通过高等教育的发展带动地方经济的增长和提升,推动地方产业升级和创新发展;还有的省份主要依靠政策的支持和引导(政策支持引导模式)来激发高等教育的活力,实现高等教育提质增效等。不同省份因地制宜,根据自身的优势和发展需求,形成了各具特色的高等教育竞争力发展模式。横向对比这些模式,可以借鉴和吸收其他省份的成功经验,有助于各省更加理性地确定未来发展方向和目标,有的放矢,为制定有针对性的高等教育发展战略和政策提供重要依据。

三、为各省制定高等教育发展战略和规划提供参考

面对高等教育进入普及化新阶段的新形势和服务区域经济社会发展出现的新挑战和新问题,政府、高校、社会等力量为完善高等教育治理,首先需要对本地高等教育的发展情况进行深入了解和科学研判。省域高等教育竞争力评价研究可以提供翔实的数据和信息,厘清本地区高等教育发展的脉络,引导各省更加高效地配置教育资源,集中力量解决亟须应对的发展挑战,预测高等教育整体态势,为制定相关政策和规划提供重要参考,推动高等教育体系的不断优化。同时,本书采用排名的评价形式,也意在对各省高等教育的竞争起到一定程度的激励作用,促使各省更加关注高等教育竞争力,注重高等教育的质量和效益,推动高等教育的持续改进和发展。当然,排名评价方法也存在局限性,过于依赖和追求排名可能会导致政策制定的偏颇和不稳定或不可持续。因此,政策制定者应立足全局,理性对待排名和评价结果,广泛征求专家、学者、教育界和社会各界的建议和意见后,形成共识,明确共同努力的方向,制订出真正适合本省高等教育可持续发展的方案。

第四节　高等教育竞争力的理论和指标研究

在全球化和知识经济的时代背景下,国家和地区之间的竞争都离不开高等教育的支撑。由于竞争的领域和对象各不相同,对竞争力的研究范围十分广泛。就本书而言,对已有研究的梳理从高等教育竞争力的理论溯源、国家与地区(省域)高等教育竞争力的塑造等方面开展,下面分别就这些方面进行综述。

一、理论溯源：国家竞争力

国家竞争力研究是一个跨学科的领域,涉及经济学、政治学、社会学等多个学科。加速的全球化进程和日益激烈的国际竞争使得学界和决策层对国家竞争力给予了持续关注。对国家竞争力这一概念的探讨最初聚焦国家的军事力量,随着18世纪发达国家工业化进程的展开,经济因素在竞争中的地位大大提升。自第二次世界大战后,全球经济一体化进程不断加速,各国为争夺更

多发展空间而展开的竞争愈加激烈。面对这种形势,各国和国际组织纷纷设立专门的研究机构,致力于深入探讨国家竞争力的问题。这些研究机构不仅积极探索各种统计指标和评估工具,还产生了一系列理论研究成果,为国家竞争力的研究提供了重要支持,推动了这一领域的不断深化。

　　自 20 世纪 80 年代以来,国家竞争力概念已广为世界各国所接受,并日益受到重视。除了传统的军事力量和经济发展,国家竞争力的内涵不断演变,且不再局限于经济因素,而是纳入了包括科技创新、教育水平、社会文化、环境可持续性等多个方面,从而更加全面地考量一个国家在多个领域的综合实力和优势。从理论和应用背景看,国家竞争力的研究主要来自国际贸易竞争性分析领域,该领域许多经济学家作出了重要贡献;也有学者反对以国家的角度解释竞争力,典型的代表有保罗·克鲁格曼(Paul Krugman),其强调由于性质不同,国家并非以企业的方式在竞争,用国际贸易收支来解释竞争力没有充分的说服力;将竞争视为市场零和博弈,国家必须干预的说法也同样失之于片面。[1]可以说,自形成对国家竞争力概念的具体认知以来,各国就从未停止过对它的关注和探索[2],以至于在概念的具体认知上未能形成统合的观点,至今仍没有一个明确和公认的定义。比如 Yoffie 认为在国际竞争中,一个国家的竞争力应该包括劳动力、研发导向型产业、自然资源产业、内部需求、产品生命周期和产业内贸易。[3] 还有一些学者如 Wang 和 Chien 相对简单地认为国家竞争力是与经济环境有关的一种能力;[4]Kao 和 Wu 则提出,国家竞争力是国家为企业创造和维持用以发展和竞争的一种相对能力的衡量指标。[5]

　　在国际上,对国家竞争力长期进行跟踪研究并形成权威参考成果的是美国

① Paul Krugman. Competitiveness: A Dangerous Obsession [J]. Foreign Affairs, 1994, 73(2): 28 - 44.

② Thomas C. Blair, Shiann-Far Kung, Meng-Dar Shieh et al. Competitive Identity of a Nation [J]. The Global Studies Journal, 2014, 8(1): 13 - 30.

③ David B. Yoffie, Benjamin Gomes-Casseres. International trade and competition: Cases and notes in strategy and management [M]. New York: McGraw-Hill Companies, 1990.

④ Tai-Yue Wang, Shih-Chien Chien, Chiang Kao. The Role of Technology Development in National Competitiveness-Evidence from Southeast Asian Countries [J]. Technological Forecasting and Social Change, 2007, 74(8): 1357 - 1373.

⑤ Chiang Kao, Wann-Yih Wu, Wen-Jen Hsieh et al. Measuring the National Competitiveness of Southeast Asian Countries [J]. European Journal of Operational Research, 2008, 187(2): 613 - 628.

哈佛大学的迈克尔·波特教授以及瑞士洛桑国际管理发展学院（International Institute for Management Development，IMD）、日内瓦世界经济论坛（World Economic Forum，WEF）。

　　迈克尔·波特教授是国际著名的战略管理学家和竞争战略专家，他在竞争战略领域的研究和贡献被公认为是业界的标杆。在他的经典著作《竞争优势》（*Competitive Advantage: Creating and Sustaining Superior Performance*）中，波特提出了竞争战略的重要概念，为企业竞争力的评估和提升方法提供了深刻的理论基础。[①] 此外，波特也关注国家竞争力的研究，在《国家竞争优势》一书中力主竞争优势而非比较优势应该是一国财富的源泉。比较优势理论一般认为一国竞争力主要来源于劳动力、自然资源、金融资本等物质禀赋的投入，波特则认为这些投入要素在全球化快速发展的今天作用日趋减少，取而代之的是国家应该创造一个良好的经营环境和支持性制度，以确保投入要素能够高效地使用和升级换代。[②]

　　波特还创立了竞争力钻石模型体系来解释国家竞争力，对一个国家为什么能在某种产业的国际竞争中崭露头角这一问题作出回答。答案必须从每个国家都有的四项基本因素（生产要素，需求条件，支持性产业与相关产业，企业战略、企业结构和同业竞争）和两个辅助要素（机会和政府）来讨论，这些因素可能会加快本国企业创造国内竞争优势的速度，也可能造成企业发展停滞不前。通过对美、英、德、日、意等十个主要国家的产业竞争力和企业竞争力的实证研究，波特总结出了一个比较成熟的产业和国家竞争力的理论体系。他认为，一个国家要在国际市场上成功竞争，不仅需要有具有竞争力的企业，还需要拥有竞争优势的产业，同时，国家层面的因素也起到至关重要的作用，如政府政策、法规环境、教育和人才培养等，这些因素能够对企业和产业发展产生积极影响。国家竞争优势就是指一个国家可以使其企业/产业创造和保持竞争优势的能力。

　　日内瓦世界经济论坛和洛桑国际管理发展学院是国际知名的独立智库和研究机构，关注全球经济和竞争力问题，定期发布《全球竞争力报告》（*Global*

---

① Michael E. Porter. Competitive Advantage：Creating and Sustaining Superior Performance ［M］. New York：Free Press，1985.

② Michael E. Porter. Competitive Advantage of Nations ［M］. New York：Free Press，1998.

Competitiveness Report，*GCR*)和《世界竞争力年鉴》(*World Competitiveness Yearbook*，*WCY*)，评估全球各国和地区的竞争力水平，涵盖了经济、教育、科技、创新等多个方面的指标，是国家竞争力研究领域的重要参照和基准。这两份报告会对各个国家按照竞争力进行分类排名，形成对应的竞争力指数，这些排名被政策制定者和利益相关者用来评估本国满足相应竞争力指标方面的相对成功程度。

自《全球竞争力报告》由世界经济论坛于1979年出版以来，一直为世界各地的政策制定者和利益相关者提供长期增长动力年度评估，是衡量全球各经济体生产力发展水平和经济繁荣程度的重要参考。《全球竞争力报告》所设计的全球竞争力指数(Global Competitiveness Index，GCI)确定了竞争力的12个支柱，基于此追踪了近140个国家的竞争力表现。世界经济论坛持续改进指数的编制方法：2000年，杰弗里·萨克斯教授(Jeffrey Sachs)以经济增长理论为基础，引入了增长竞争力指数(Growth Competitiveness Index)；迈克尔·波特教授于同年加入了该项研究，并推出了一项与之配套的商业竞争力指数(Business Competitiveness Index，BCI)，专注于推动繁荣的微观经济因素；2004年，夏威尔·萨拉-伊-马丁教授(Xavier Sala-i-Martin)创建了包括宏观经济和微观经济竞争力因素在内的全球竞争力指数(GCI)。[1] 2018年，世界经济论坛发布了新的全球竞争力指数4.0(GCI 4.0)，通过测算一个国家的基础设施设置、政策及生产力水平决定因素等各方面情况来评价国家竞争力。全球竞争力的指标体系由三个层次构成：第一层次包括支撑环境、市场、人力资本以及创新生态系统四大板块；第二层次是12个竞争力"支柱"，包括制度、基础设施、信息通信技术的应用、宏观经济的稳定性、医疗卫生、技能、产品市场、劳动力市场、金融制度、市场规模、商业活力和创新能力等；第三层次是具体指标。全球竞争力指数推出之后，已被越来越多的国家和机构采用以衡量国家(地区)竞争力。

国际管理发展学院认为，竞争力不仅仅与国内生产总值和生产率相关，企业还必须应对政治、社会和文化等多方面的挑战。因此，政府需要提供有效的

---

① 邵宇，陈飞达.流动性经济学：全球竞争与中国创新体系的"短板"[EB/OL]. https://m.thepaper. cn/wifiKey_detail.jsp?contid=16286748&from=wifiKey♯，2022-01-06.

基础设施、健全的制度和政策支持,以激励企业实现可持续的价值创造。《世界竞争力年鉴》于 1989 年首次出版,一直是全球关于各国竞争力的权威年度报告和参考指南。该年鉴基于深入广泛的研究,提供了对竞争力的基准和趋势分析,同时呈现了丰富的统计数据和调查结果。该年鉴覆盖了 64 个经济体,这些经济体的选择基于可获得且可比较的国际统计数据以及与当地研究机构的合作。国际管理发展学院的合作伙伴不仅提供调查数据,还负责确保数据的可靠性和准确性。世界竞争力排名基于 336 个竞争力指标,指标设计参考了经济学相关文献,国际、国家和地区的数据,并根据商界、政府机构和学者的建议最终选定。随着新的理论、研究和数据出现,以及全球经济发展新动态,指标体系会定期进行修订和更新。国际管理发展学院世界竞争力排名凸显了一个长期趋势:排名靠前的国家都拥有各自独特的竞争力实现途径。国际管理发展学院《世界竞争力年鉴》的信息和评价结果不仅为各国政府制定政策提供了重要参考,也为企业界、学术界和其他利益相关者提供了对竞争力的一种全新的理解方式。[①]

1995 年底,这两个研究机构因为研究方法的分歧无法达成一致,最终决定分道扬镳,之后各自按照自己的理解和方法独立进行竞争力研究,并继续每年发布相关研究报告。表 0-1 显示了两个机构对关于"国家竞争力"理解的变化。

表 0-1　世界经济论坛和国际管理发展学院关于"国家竞争力"定义的演变

年份	机　　构	"国家竞争力"定义
1985	世界经济论坛	一国企业能够提供比国内外竞争对手更优质量和更低成本的产品与服务,实现人均国内生产总值持续高速增长的能力
1991	国际管理发展学院世界经济论坛	在世界范围内,一国企业设计、生产和销售产品与服务的能力,其价格和非价格特性比国外竞争对手更具市场吸引力
1994	国际管理发展学院世界经济论坛	一国或公司在世界市场上均衡地生产出比其对手更多财富的能力

---

① World Competitiveness Ranking: A comprehensive annual report and worldwide reference point on the competitiveness countries [EB/OL]. https://www.imd.org/centers/wcc/world-competitiveness-center/rankings/world-competitiveness-ranking/, 2023 - 06 - 05.

续　表

年份	机　　构	"国家竞争力"定义
2003	国际管理发展学院	一国为其企业持续创造价值提供竞争性环境的能力
2006	世界经济论坛	决定一国生产力水平从而决定一国经济所能达到的繁荣程度的因素、政策和制度的集合

资料来源：根据当年 WEF 和 IMD 两个机构发布的《全球竞争力报告》和《世界竞争力年鉴》整理。

此外，还有一些组织和机构也对"国家竞争力"开展了广泛讨论。

1980 年，美国劳工部国外经济研究办公室提交了报告《关于美国竞争力的总统报告：美国竞争力研究》(*Report of the President on U.S. Competitiveness: Together with the Study on U.S. Competitiveness*)，这是美国第一份正式的国家竞争力报告。1986 年成立的美国民间智库——美国竞争力委员会(U.S. Council on Competitiveness)，其宗旨就是确保美国创新和战略性技术的全球领先，保障美国人才库，提升国家产业竞争力。1992 年该委员会向总统与国会提交首份报告，定义国家竞争力为"一个国家在人民生活水平长期保持上升的情形下，生产可以通过国际市场考验的商品与劳务的能力。"[①]委员会2001 年发布的报告《美国竞争力 2001：优势、弱势和长期优先事项》(*U.S. Competitiveness 2001: Strengths, Vulnerabilities and Long-Term Priorities*)重新审视了美国的国家竞争力。"尽管自成立以来，美国经济状况发生了很大变化，但我们对'国家竞争力'的定义仍然不变——是一种通过生产符合国际市场考验的高价值产品和服务来增加所有国人实际收入的能力"[②]。虽然影响竞争力的因素很多，但这份报告将重点放在了对国家长期经济效益起核心作用的革新能力的培养上。

欧盟于 1994 年发布了其关于欧盟竞争力研究白皮书《增长、竞争力和就业：通向 21 世纪的挑战与出路》(*Growth, Competitiveness, Employment:*

---

① Competitiveness Policy Council. Building A Competitive America: First Annual Report of the Competitiveness [R]. Washington DC: Competitiveness Policy Council, 1992: 2.

② Michael E. Porter, Debra van Opstal. U.S. Competitiveness 2001: Strengths, Vulnerabilities and Long-Term Priorities [R]. Washington, DC: Council on Competitiveness, 2001: p i.

The Challenges And Ways Forward Into The 21st Century)。白皮书指出，在全球化的经济环境中，经济竞争力的本质发生了变化。传统上，国家或地区的竞争优势常常被认为取决于其拥有的自然资源等因素，这些因素相对稳定。但是，随着全球市场的发展，必须越来越多地从竞争优势而非比较优势的角度考虑问题。[①] 因此，对于政府和企业来说，重点逐渐转移到了如何通过制订有效的战略和政策来提高竞争力，以及如何有效地组织资源并促进社会共识，从而实现增值的公平分配。竞争力必须被视为一种手段，而不是目的本身，最终目标应该是实现高水平和可持续的增长，以及高质量的就业、高度的社会财富和强大的凝聚力。

　　经过几年的思考和辩论，欧盟有关竞争力的话题从经济领域进入政治舞台。2000 年 3 月，欧洲各国国家元首和政府首脑齐聚里斯本，签署了共同宣言，宣布要把欧盟建设成为世界上最具竞争力和活力的知识经济体系。目标是在 2010 年之前，有能力以更多更好的工作和更强大的社会凝聚力实现可持续的经济增长。成员国通过了经济和结构改革的《里斯本战略》(*Lisbon Strategy*)。在衡量竞争力方面，欧盟对竞争力有着比大多数传统指标更积极主动的看法，试图将其衡量系统化。对现行里斯本战略成败的评估更多地基于定性分析和对总体趋势的认识，而不是一套严格的标准。世界经济论坛在其年度出版物《里斯本评论》(*Lisbon Review*)中给出了竞争力衡量标准，并遵循多指标指数衡量竞争力的原则，开发相应指数，试图以美国经济为主要基准，以东亚经济体为补充基准，评估欧盟所遵循的战略。这一评价体系根据世界经济论坛的观点，重新定义《里斯本战略》中的主要维度。

　　总体而言，正如 Balkytė 和 Tvaronaviciene 所提到的，从波特开始，对于国家竞争力的概念缺乏共识，以至于依托纷繁的概念分类、模型和评价形成的政策建议极易在社会中造成误导。[②] 但从上述的回顾可以看到，虽然这些学者对

---

① European Commission. Growth, Competitiveness, Employment: The Challenges And Ways Forward Into The 21st Century White Paper [R]. Brussels: ECSC-EC-EAEC, 1994: 71.

② Audronė Balkytė, Manuela Tvaronavičienė. Perception of Competitiveness in the Context of Sustainable Development: Facets of "Sustainable Competitiveness" [J]. Journal of Business Economics and Management, 2010, 11(2): 341 - 365.

于国家竞争力的认识和关注各有侧重,但基本都围绕着经济的增长以及维持这种增长的能力。对此,波特在《国家竞争优势》这本书中早有解释,他明确提出"在国家层面上,'竞争力'的唯一意义是生产力",国家的竞争力就是支撑价值创造和经济效益的生产力[1]。而其他对国家竞争力的研究多是围绕影响生产力的因素[2],OECD 研究其成员国促进经济增长问题,也是重在着眼于各国的生产力表现,定位国家竞争的优势、劣势领域以及政策优先事项。[3]

二、重要基石：高等教育竞争力

竞争力的研究很快扩展到各个领域,教育竞争力也成为研究热词。例如,克罗地亚、马来西亚、韩国和圭亚那等不同国家的竞争力报告都指出,教育是国家竞争力的重要组成部分。[4] 高等教育作为教育领域内的重要分支,其竞争力同样受到广泛关注,而"高等教育竞争力"这一概念,基本上源于"教育竞争力"。国内外相关组织和机构关于如何测评高等教育竞争力开发了很多指标。

（一）代表性的高等教育竞争力指标

世界经济论坛（WEF）认为教育可以被定义为嵌入在劳动中的技能、能力和其他提高生产力特征的存量,换句话说,即嵌入在原始劳动时间中的劳动效率单位。总的来说,教育是人力资本的重要组成部分,它可以提高劳动者的效率,帮助经济超越手工劳动或简单的生产过程,向价值链的上游移动。2007年,世界经济论坛对其指标体系作了较大修正,新指标体系包括基础要素、效率要素、创新要素三大类 12 个支柱指标。其中,初等教育和高等教育分别作为主要的支柱指标在基础要素、效率要素和创新要素中出现。涉及高等教育方面的直接支柱包括四方面：高等教育和培训、创新、劳动力市场效率、技术准备,各支柱之间不是相互独立的,而是彼此有所联系。从间接角度看,

---

[1]　Karl Aiginger. Competitiveness: From a Dangerous Obsession to a Welfare Creating Ability with Positive Externalities [J]. Journal of Industry, Competition and Trade, 2006, 6(2): 161 - 177.

[2]　潘罡.国家竞争力研究[J].外国经济与管理,2003(04): 10 - 14.

[3]　OECD. Economic Policy Reforms: Going for Growth 2005 [R]. Paris: OECD, 2005.

[4]　Jason E. Lane. Higher Education and Economic Competitiveness [C]//Jason E. Lane, D. Bruce Johnstone. Colleges and Universities as Economic Drivers: Measuring Higher Education's Contribution to Economic Development. New York: State University of New York Press, 2012: 11.

高等教育领域的效率对其他支柱也很重要,但这并没有明确反映在世界经济论坛的竞争力评价中(见表 0-2)。[1]

表 0-2　世界经济论坛关于高等教育竞争力的相关指标

支　柱	高等教育方面
高等教育和培训	中等教育入学数据(硬数据) 高等教育入学数据(硬数据) 教育支出(硬数据) 教育质量 数学和科学教育质量 管理学院质量 学校互联网情况
创新	科研机构的质量 公司研发支出 产学合作研究
劳动力市场效率	人才的有效利用
技术准备	最新技术可用性

　　国际管理发展学院(IMD)发布的《世界竞争力年鉴》中涉及高等教育的指标包括劳动市场、科学基础设施、教育3个要素,相关指标与世界经济论坛的有所重复。与世界经济论坛相比,国际管理发展学院的竞争力指标中高等教育指标数量更多,也比世界经济论坛更注重质性指标,并不强调入学率,而是纳入了更广泛的教育质量问题,包括高等教育部门的管理、金融、经济素养技能等方面(见表 0-3)。

表 0-3　国际管理发展学院关于高等教育竞争力的相关指标

二级指标	高等教育方面
劳动力市场	熟练劳工—随时可获得 财务技能—随时可用

[1] Lineta Ramoniene, Marius Lanskoronskis. Reflection of Higher Education Aspects in the Conception of National Competitiveness [J]. Baltic Journal of Management, 2011, 6(1): 124-139.

续　表

二级指标	高等教育方面
科学基础设施	研发总支出 人均研发支出总额 企业研发支出 全国人均研发人员总数、企业研发人员总数 基础研究 理工科学位——第一学历理工科学位总数的百分比 理工类论文——根据作者的发表来源 学校对科学的重视度
教育	高等教育成就——25～34岁受过高等教育的人口百分比 学生流动——流进和流出 教育评估——PISA(15岁学生) 英语能力——托福成绩 教育系统——满足经济竞争的需要 大学教育——满足经济竞争的需要 管理类教育——满足商业界的需要 经济素养——普遍很高 金融类教育——满足企业需求 语言技能——满足企业需求 合格的工程师——劳动力市场上的可用性 知识转移——大学和企业之间的发展

　　中国教育科学研究院国际比较教育研究所明确了教育竞争力的内涵,即"教育竞争力是一个国家综合实力的重要组成部分,是国家通过改善教育内部和外部的条件,优化教育质量,培养创新人才,普遍提高国民素质,并扩大教育影响力,从而在国际竞争中取得人力资源储备之优势的能力"[1],并确定了教育竞争力的量化定义,即"教育竞争力是一个国家的教育产出在和别国比较时所具有的相对优势和能力",其内涵包括4个层面:教育发展水平,包括正规与非正规教育的规模以及教育质量;教育对人力资源的贡献;教育对经济的贡献;教育对知识创新的贡献。之后,在其之前给出的"教育竞争力"定义的基础上,认为高等教育竞争力是与其他国家相比,一国的高等教育产出所具有的相对优势和能力,其内涵同样包含四个层次,分别为发展水平、对人力资源的贡献、

---

[1]　中央教育科学研究所国际比较教育研究中心.中国教育竞争力报告·2010[M].北京：教育科学出版社,2011：8.

对经济的贡献、对知识创新的贡献。

由全国高校信息资料研究会研制的"高等教育强国指数"于 2023 年 10 月发布,中国人民大学评价研究中心、中国人民大学教育学院、北京外国语大学国际教育学院提供数据和技术支撑。研究团队使用三个维度、九项关键指标跟踪全球近 170 个国家的高等教育发展水平,为决策者和跨国高等教育服务使用者提供指导。三个维度分别是世界学术中心度指数、世界科技中心度指数、世界人才中心度指数,其中世界学术中心度指数包括高等教育经费 GDP 占比、ESI 自然科学全球前 1% 上榜机构、RUC 人文社会科学全球前 10% 上榜机构三个指标;世界科技中心度指数包括自然指数、研发经费 GDP 占比、授权专利三个指标;世界人才中心度指数包括全球人才竞争力指数、全球高被引科学家、诺贝尔菲尔兹奖三个指标。"高等教育强国指数"突出过程性、监测性和诊断性,旨在为中国高等教育强国建设进程提供可度量的指标,为全球高等教育治理提供中国标准、中国方案,发出中国声音。[①]

（二）高等教育竞争力的测算

一些学者和团队也对高等教育竞争力的测算开展了大规模国际或地区间比较研究。

国内较早期的研究主要集中于 2001 年我国加入世界贸易组织之后。如孙敬水通过对我国教育成本、教育产出、教育消费的国际比较和分析,把世界各国大致分为五类:我国和巴西、阿根廷等国为教育发展中国家,从单项指标看,我国只有少数教育指标达到或超过发展中国家的平均水平,大多数指标偏低。[②] 薛海平和胡咏梅采用聚类分析的方法对国际教育竞争力水平进行排名和等级划分,世界教育竞争力水平整体上呈现两极分化,我国的高等教育竞争力相比全球的平均水平略高,但整体的教育竞争力水平还是偏低。[③] 这一类的比较研究具有时效性,后续的研究中,一些研究成果展示了高等教育竞争力发展的新进展。周群英等对 41 个国家和地区 1999 年、2002 年、2006 年三个年

---

① 中国人民大学评价研究中心.高等教育强国指数发布[EB/OL]. http://erc.ruc.edu.cn/xwdt/zxxw/0872f39b98b54e7c8ee804a8eb2575c2.htm, 2023 - 10 - 18.

② 孙敬水.中国教育竞争力的国际比较[J].教育与经济,2001(02):1 - 3.

③ 薛海平,胡咏梅.国际教育竞争力的比较研究[J].教育科学,2006(01):80 - 84.

度高等教育国际竞争力进行了实证分析,结果显示差距显著,国家的经济水平和创新影响力对高等教育的国际竞争力表现方面发挥重要作用,我国高等教育国际竞争力虽略有提高,但与建成高等教育强国还有很长距离。[①] 王素等构建了高等教育竞争力评价的火箭模型,搭建起两个维度 12 项指标的高等教育竞争力评价指标体系,对 53 个国家的高等教育竞争力进行评价与排名,通过国际比较研究发现,我国与 OECD 国家相比在绝对指标上有一定优势,但是如果去除人口的因素,还是有很大差距。[②] 还有一些学者更关注发展中国家高等教育竞争力的表现情况,比如辛越优等[③]、王正清等[④]开展了对共建"一带一路"国家高等教育竞争力的研究,发展中国家是样本的主体,在高等教育的国际影响和人才资源竞争力方面,"一带一路"国家也存在区域性差异;李胜利等[⑤]以及唐晓玲聚焦"金砖国家"开展了高等教育竞争力的比较研究,测算结果显示"金砖国家"的高等教育质量差异悬殊,中国高等教育竞争力综合排名居于首位,与科技创新相关的多个单项指标排名均为第一。[⑥]

国外学者如 Keser 根据世界经济论坛的国家竞争力指数对欧洲国家和中东国家高等教育的全球竞争力状况进行了评估,竞争力最高的国家是芬兰、荷兰和比利时;中东国家中,得益于近年来的国家政策,阿联酋高等教育竞争力的表现较为突出。[⑦] Chentukov 等的研究致力于调查教育因素对于世界各国社会经济发展水平的影响,包括评估国家高等教育系统发展指标对宏观经济、创新和技术因素的影响,对 50 个国家的分组量化分析后发现,高等教育竞争

① 周群英,徐宏毅,胡绍元.高等教育国际竞争力比较研究[J].武汉理工大学学报(社会科学版),2010 (06):903-908.
② 王素,方勇,孙毓泽.高等教育竞争力:模型、指标与国际比较[J].教育研究,2012(07):122-129.
③ 辛越优,倪好,林成华."一带一路"沿线国家的人才竞争力:排名、特征与启示[J].高校教育管理,2019(04):8-17.
④ 王正青,王引,孙昕妍."一带一路"沿线国家高等教育竞争力水平测度与关联性因素研究[J].西南大学学报(社会科学版),2021(01):112-123+227.
⑤ 李胜利,解德渤.金砖国家高等教育质量比较:基于 2009—2015 年《全球竞争力报告》的分析[J].高等教育研究,2016(10):97-103.
⑥ 唐晓玲."金砖国家"高等教育竞争力研究:基于巴西、俄罗斯、印度、中国的数据比较[J].现代教育管理,2018(09):123-128.
⑦ Hilal Yildirir Keser. Effects of Higher Education on Global Competitiveness: Reviews in Relation with European Countries and the Middle East Countries [J]. Annals of "Constantin Brancusi" University of Targu-Jiu. Economy Series,2015,1(1):58-68.

力水平与国家的创新发展水平和社会经济发展水平密切相关。[①] Verbytska 等学者研究了一系列当前流行的教育体系排名方法,并分析了选定国家(美国、瑞士、英国、瑞典、丹麦、加拿大、芬兰、挪威、乌克兰、德国、法国、奥地利、波兰、中国和西班牙)高等教育系统在世界排名中的竞争地位。[②] 还有一些学者关注的则是单一国别的高等教育竞争力。[③]

(三)其他教育类指标和指数测算

自 20 世纪 60 年代以来,联合国教科文组织(UNESCO)、经济合作与发展组织(OECD)、世界银行集团(WBG)等国际机构,对社会统计数据的理论和方法展开了一系列研究,掀起了一场社会指标运动,设计了很多教育类指标。

经合组织。教育指标作为社会指标的组成部分得到了一定程度的发展,同时也作为一项相对独立的研究取得了重大进展。基于此背景,OECD 开始进行教育指标体系的研究,通过指标体系的建立来测评教育的发展水平,衡量教育质量,并开展国与国之间的比较。《教育概览:OECD 指标》(*Education at a Glance: OECD Indicators*)(简称《教育概览》)是 OECD 追踪教育发展的系列报告,从 1992 年开始每年或隔年出版一本。《教育概览》以教育指标为抓手,分析国际可比较的数据,通过国际比较呈现 OECD 成员国教育的发展水平以及在国际上的相对位置,进而确立教育发展的方向。OECD 在 1998 年版《教育概览》中明确提出直接评估人力资本的指标,并将"人力资本"定义为个人所拥有的与经济活动密切相关的知识、技术、能力及各种特质;主张通过调查学校教育的修业年限和层次以及教育对就业收入的影响等测量人力资本,提出由人力资本的储备、投资和回收三个层面来建立人力资本指标。OECD 教育指标以人力资本理论为基础,从背景指标(context)、输入指标(input)、过程指标(process)和成果指标(production)四个方面(CIPP 评价模式),来研究

① Yurii Chentukov, Volodymyr Omelchenko, Olha Zakharova et al. Assessing the Impact of Higher Education Competitiveness on the Level of Socioeconomic Development of a Country [J]. Problems and Perspectives in Management, 2021, 19(2): 370 - 383.

② Anna Verbytska, Nataliia Kholiavko. Competitiveness of Higher Education System: International Dimension [J]. Economics & Education, 2020, 5(1): 7 - 14.

③ Tran Van Hung. Increasing the Global Competitiveness of the Vietnamese Higher Education System [J]. Journal of Science, 2019, 48(2B): 30 - 38.

与呈现教育系统的变化及发展趋势，通过比较各国教育系统发展状况来评价各国教育质量的优劣。OECD 分别于 2002 年和 2012 年对教育指标进行了进一步的修改，形成了目前包括四个方面指标［产出指标（A 指标）、投入指标（B 指标）、机会指标（C 指标）和过程指标（D 指标）］的体系结构。

世界银行集团。WBG 在竞争力方面的工作侧重于四个领域：企业、创业精神和创新，市场和技术，投资和竞争，业务规则。世行与各国合作，帮助加强创新政策、战略和融资。其构建的世界发展指标数据库是最为权威的全球宏观经济数据库，包含全球 200 多个国家的经济、社会、环境等各方面的宏观指标，时间可以上溯至 1960 年。数据库提供了大约 2 500 个具有国际可比性的教育指标，包括教育获得、发展、完成、识字、教师、人口和支出。这些指标涵盖了从学前教育到高等教育的整个教育周期。该数据库还包含来自国际学习评估（PISA、TIMSS等）的学习结果数据、来自家庭调查的公平数据以及到 2050 年的预测数据。

独立评估小组（Independent Evaluation Group, IEG）是世界银行集团内部的一个独立部门，其在《高等教育发展：对世界银行支持的评估》（*Higher Education for Development: An Evaluation of the World Bank Group's Support*）报告中指出，高等教育是经济增长、就业和竞争力的纽带，极有可能成为经济转型的催化剂，世界银行关注的重点是在竞争力背景下高等教育系统对经济的贡献。在全球竞争力指数（Global Competitiveness Index, GCI）方法的基础上，IEG 为确定各国每个发展阶段高等教育对竞争力的贡献提供了一个有用的概念模型：第一阶段，要素驱动经济体，是基于非熟练劳动力和自然资源等要素禀赋进行竞争，可以通过加强治理和制度、建立稳定的经济和提供基本服务来提高竞争力。第二阶段，在更为先进的、以效率为驱动的经济体中，高等教育及培训、高效和运作良好的市场以及获取国内和全球消费者的机会推动了竞争力的提高。第三阶段，在创新驱动型经济体中，各国通过复杂的业务和创新生产专业化产品，提升竞争力会促使国家发展阶段的跃升。

联合国教科文组织。UNESCO 的全民教育发展指数（The Education for All Development Index, EDI）是一个综合指数，反映了国家教育系统实现全民教育的总体进展情况。主要用于监测各个国家和地区落实 1990 年《世界全民教育宣言》提出、2000 年世界教育论坛《达喀尔行动纲领》（*Education for*

All: Meeting our Collective Commitments；*expanded commentary on the Dakar Framework for Action*)重申的全民教育计划目标进展情况。为了监测教育目标的进展，UNESCO 设计了由 4 个指标构成的教育发展指数,分别是：初等教育净入学率(目标 2),成人识字率(目标 4),性别均等指数(目标 5),小学 5 年级保留率(目标 6),具体内容见表 0-4。每一个指标的权重相等,都占25%,国家的教育发展指数是四个组成部分的算术平均值。

表 0-4　全民教育发展指数指标构成

目 标	内 涵	指 标 选 取
目标 2：普及初等教育	● 确保到 2015 年使所有儿童,尤其是女孩、处境困难的儿童和少数民族儿童都能接受并完成良好的免费初等义务教育 ● 普及和完成初等教育 ● 由于对"完成小学教育"的理解缺乏共识,因此,EDI 采用"普及初等教育"目标	初等教育净入学率： ● 小学学龄儿童就读小学或中学的百分比。 ● 数值范围在 0～100% 之间。数值为 100% 意味着所有符合条件的儿童都在给定学年入学；如果这一数值连续多年为 100%,则可能意味着所有入学儿童都完成了学业
目标 4：成人扫盲	● 到 2015 年把成人识字率,特别是妇女的识字率提高 50%,并使所有成人都有平等机会接受基础教育和继续教育 ● 联合国教科文组织大会于 1958 年通过"识字能力"标准："具有识字能力的人是可以读写自己日常生活中简短陈述的人" ● 该定义成为大部分国家普查中衡量识字能力的标尺	成人识字率： ● 采用各国官方全国普查的数字,通过自我陈述、第三方评价和受教育情况三方面确定识字水平 ● 争议之处：并非所有国家都使用同一定义来划分识字和不识字；时间分配上也不同,发达国家一般每十年做一次普查,一些发展中国家难以做到
目标 5：性别均等和平等	● 到 2005 年消除小学和中学教育中的性别差异；到 2015 年实现教育中的性别平等,重点是确保女孩充分和平等地接受优质基础教育并取得成绩 ● 子目标 1：实现女孩和男孩接受初等和中等教育机会均等 ● 子目标 2：确保男孩和女孩之间实现教育平等	性别均等指数： ● 初等和中等教育阶段毛入学率的性别均等指数 ● 数值范围在 0～2 之间,是在某一特定指标下女性相关值与男性相关值的比值,1 代表性别绝对均等,0.97～1.03 代表性别均等,0.97 以下代表不利于女性的性别不均等,1.03 以上代表不利于男性的性别不均等

目　标	内　涵	指　标　选　取
目标6：教育质量	全面提高教育质量，确保人人都能学好，在读、写、算和基本生活技能方面都能取得被承认和可衡量的学习效果	小学5年级保留率： ● 顺利升入五年级与其小学一年级入学时人数的比例，区分男女 ● 各种区域和国际评估中，小学5年级保留率与学习成绩之间存在明显的正相关，采用这一指标进行测量

资料来源：根据联合国教科文组织系列报告《全球教育全球监测报告》(*Global Education Monitoring Report*)整理。

联合国开发计划署(UNDP)。UNDP的《人类发展报告2008》(*Human Development Report 2008*)中对"人类发展"最初定义如下："人类发展是一个扩大人们选择范围的过程。原则上，这些选择可以是无限的并会随时间而改变。但在所有发展水平上都需具备的三个基本要素是人们过上健康长寿的生活、获取知识和获得体面生活水平所需的资源，否则其他的机会仍然无法获得"。人类发展指数(Human Development Index，HDI)这一概念由联合国开发计划署在《人类发展报告1990》中提出，用以衡量各国社会经济发展程度。人类发展指数由3个基本指数构成，即健康指数、收入指数、教育指数，HDI的计算结果是3个基本指数的几何平均数。其中，健康指数采用出生预期寿命计算，反映了人们的长寿水平；收入指数采用人均国民总收入来衡量，反映了人们的生活水平；教育指数由平均受教育年限和预期受教育年限构成，反映了人们的知识水平。平均受教育年限为一个大于或等于25岁的人在学校接受教育的年数，预期受教育年限即现有儿童入学率条件下，预期接受教育的年数。

欧洲工商管理学院(INSEAD)。"全球人才竞争力指数"(Global Talent Competitiveness Index，GTCI)是政府、学术界和工业界和知识合作伙伴共同合作的产物，GTCI报告由欧洲工商管理学院联合其他合作机构每年发布一次，首份报告发布于2013年。GTCI是一份全面的年度基准研究，报告涵盖不同收入和发展水平的133个国家/地区和175个城市，衡量国家和城市如何发展、吸引和留住人才,为决策者了解全球人才竞争力状况和制定促进经济发展的战略提供了独特的资源。GTCI 设置了很多"硬指标"衡量人才竞争力这一模糊的概念。通过衡量一个国家及主要城市在人才培养、吸引、留存等方面的表现,从而评估其人才竞争力,并为政府、企业提供提升人才竞争力的建议。具体来说,基于投入与产出模型,GTCI 设置了两方面共六大支柱,其中人才投入方面包括:塑造(环境)(enable)、吸引(attract)、培养(grow)、保留(retain);人才产出方面包括:职业与技术技能(vocational and technical skills)和全球知识技能(global knowledge skills)。GTCI 综合模型涵盖了教育、人才市场、开放程度、技能等关键指标,评估了人才发展的环境、可持续性等必要因素,并以这些指标和因素作为支柱,计算得出 GTCI 指数。

三、区域聚焦:省域高等教育竞争力

脱胎于国家竞争力的内涵,当前国内外学者对某一区域竞争力的研究借用已有的"竞争力"概念,以广泛意义上的区域(包括跨国家的地区、国家、次国家的区域和城市)为对象,从多方面、多角度以"竞争力"+"区域"的模式来界定区域竞争力,将国家竞争力理论拓展到不同层次的区域竞争力研究中。[①] 省域高等教育竞争力就属于区域话题。鉴于国内外行政区划的差异,国外研究可以更广泛地参考地区和城市高等教育竞争力的分析。

(一) 关于区域竞争力研究

对竞争力的研究在区域、城市和地方尺度上也具有重要意义。区域竞争力的概念从经济和社会角度对以次国家地区为重点的战略和政策的制定产生了相当大的影响。区域协调问题特别受到决策者的关注,因为可以在没有任何既定的政治或概念框架的情况下评价和比较不同的领土,[②]各国政府都表现出对个别地区和城市的"竞争表现"的浓厚兴趣,制定了促进和培育区域竞争力的政策。例如,在英国,提高地区和城市竞争力已成为财政部政策的中心议题;欧盟委员会认为,提高欧洲落后地区的竞争力对"社会凝聚力"至

① 周群艳.区域竞争力的形成机理与测评研究[D].上海:上海交通大学,2007.
② Maria Gabriella Grassia, Marina Marino, Rocco Mazzaet et al. Regional Competitiveness: A Structural-Based Topic Analysis on Recent Literature [J]. Social Indicators Research, 29 May 2022.

关重要。^① 与此同时,城市和地区开始重视构建地方竞争力指数,以便与其他地区进行比较,并制订政策战略,寻求本地区在"竞争力排行榜"位次的上升。有学者提出,区域竞争力不应被视为微观经济或者宏观经济的概念,也不是国家竞争力的缩小版,^②各地区有着自己的竞争力模式。^③ 尽管"区域竞争力"称得上竞争力研究中的热词,但这个概念本身是存在争议的,区域是一个自然、经济、社会的复合系统,其发展是复合系统的要素、结构、功能深化的过程,地区、城市和地方的竞争力意味着什么,在什么层面上竞争,该如何测量,在现有的学术文献中,区域竞争力的概念还缺少一个清晰的、公认的含义。^④

　　欧盟是国际舞台上区域一级的主要参与者之一,在衡量竞争力方面,对竞争力有着比大多数传统指标更积极主动的看法,为将衡量系统化,对竞争力研究的资助每年都在增加。^⑤ 自 2010 年以来,欧盟区域竞争力指数(Regional Competitiveness Index,RCI)对欧盟所有 NUTS‐2 级别区域竞争力各项表现进行持续测量,通过一系列丰富的指标来衡量一个地区为企业和居民提供有吸引力的生活和工作环境的能力。2022 年版指数(RCI 2.0)由 3 个子指数"基础""效率"和"创新"组成,"高等教育、培训和终身学习"属于 11 个竞争力主要支柱之一。RCI 2.0 的数据显示,欧盟区域内的竞争力仍存在较大差异。2016—2022 年的指数变化显示出欠发达地区的区域竞争力有所提高,而转型地区的表现则较为复杂;该指数还显示,乌得勒支、南荷兰省和法国巴黎法兰西岛地区是欧盟最具竞争力的地区,最低值仍然集中在东欧成员国的欠发达地区。^⑥

① Michael Kitson, Ron Martin, Peter Tyler. Regional Competitiveness: An Elusive Yet Key Concept? [J]. Regional Studies, 2004, 38(9): 991‐999.

② Sánchez de la Vega J C, Buendía Azorín J D, Calvo-Flores Segura A et al. A New Measure of Regional Competitiveness [J]. Applied Economic Analysis, 2019, 27(80): 108‐126.

③ Ben Gardiner, Ron Marti, Peter Tyler. Competitiveness, Productivity and Economic Growth Across the European Regions [J]. Regional Studies, 2004, 38(9): 1045‐1067.

④ 陈柳钦.区域竞争力内涵的多元化认知与辨析[J].当代经济管理,2010,32(11):50‐56.

⑤ Mykola Palinchak et al. Competitiveness as the Basis of EU Regional Policy: Smart Specialization and Sustainability [J]. European Journal of Sustainable Development, 2021, 10(4): 227‐239.

⑥ European Union. How Competitive Is Your Region? Commission Publishes the Regional Competitiveness Index [EB/OL]. https://ec.europa.eu/commission/presscorner/detail/en/ip_23_1866, 2023‐06‐13.

随着区域一体化的推进,城市在国家和区域的发展中扮演着越来越显著的引领和带动角色。城市之间的竞争日趋激烈,对整个区域的繁荣和进步产生着重要的推动作用。城市竞争力一直是区域竞争力研究的重要内容,为此,国内外学者从理论和实证的角度对城市竞争力评价展开大量研究,主要包括城市竞争力的内涵界定、理论模型、影响因素、指标体系、评价方法、提升策略等方面。① 倪鹏飞团队对城市竞争力进行了持续的跟踪研究,其早期的观点认为,城市竞争力是由多种要素所形成的力量系统综合。城市竞争力的复杂要素及力量可概括成硬竞争力和软竞争力,分力的数量、质量及组合将直接影响城市竞争力,从而影响城市价值收益的形成。② 在 2008 年的《中国城市竞争力报告》中,倪鹏飞从系统层次渗透的角度重新修订了城市竞争力的概念,构建了由外部竞争力、内部竞争力和本体竞争力三部分组成的城市竞争力系统。③中国社会科学院与联合国人居署合作开展的研究《全球城市竞争力报告》,通过理论研究和实证调查,建立了衡量全球 1 000 多个城市经济竞争力和可持续竞争力的指标体系,并选取全球城市发展的重要问题作为主题报告进行深入研究。④

（二）关于省域高等教育竞争力的研究

随着我国高等教育管理体制改革的深入推进和高等教育规模的扩大,高等教育呈现出明显的区域化发展特征。在省域层面上,我国正在积极推动高等教育的区域布局,这一举措对于提升省域高等教育的竞争力至关重要,同时也是关乎我国高等教育发展的重要理论和现实课题。我国学者对区域高等教育竞争力问题进行了广泛探索,尤其关注省域之间的比较,一部分研究比如高耀和刘志民⑤及张秀萍⑥构建了省域高等教育核心竞争力评价指标体系,对 31

①　陈卓.国内外城市竞争力评价研究综述[J].社会科学动态,2023(05)：73-80.
②　倪鹏飞.中国城市竞争力理论研究与实证分析[M].北京：中国经济出版社.2001.
③　倪鹏飞.中国城市竞争力报告[M].北京：社会科学文献出版社,2008.
④　Marco Kamiya, Ni Pengfei. Global Urban Competitiveness Report (2019-2020)：The World：300 Years of Transformation into City [R]. Nairobi：UN-Habitat, Beijing：Chinese Academy of Social Sciences (CASS), 2020.
⑤　高耀,刘志民.中国省域高等教育核心竞争力最新测度：基于因子和聚类分析法的实证研究[J].江苏高教,2010(02)：39-41.
⑥　张秀萍.中国省域高等教育竞争力研究[D].大连：大连理工大学,2013.

个省、自治区和直辖市高等教育核心竞争力进行测度、排序和分类；一部分研究选择个别省域的高等教育竞争力进行专门研究，如刘志旺[①]、徐天伟等[②]选择山西、云南高等教育为研究对象，围绕指标选取、数据处理，试图构建本省高等教育竞争力评价指标体系，对高等教育竞争力水平进行评价；这类研究还集中于学位论文，以某个省为个案开展高等教育竞争力的测评和研究。

在竞争力讨论的范畴内，高等教育水平与区域经济发展的相互作用得到研究者们的深入探究，国内外学者从劳动力受教育层次、教育投资、教育结构以及教育规模质量等方面论证了高等教育在推动区域经济发展方面的重要作用。[③] 然而，由于历史文化、人口迁移、国家政策等多种因素的影响，不同地区的经济发展水平存在较大差异，高等教育与区域经济的协调发展问题也是学者关注的重点。张哲等人的研究结果表明，我国 18 个省份的高等教育发展水平高于区域经济社会竞争力，12 个省份的高等教育发展水平滞后于区域经济社会竞争力，只有江苏省的省域高等教育发展水平与经济社会竞争力基本保持一致，因此需要加强高等教育系统与经济社会系统之间的协同发展与深度融合，促进高等教育与经济社会协调发展。[④] 从空间来看，省域高等教育竞争力水平差异显著，空间分布不均，已有研究佐证了这一点。黄艳和周洪宇对长江经济带的 11 个省市的高等教育竞争力水平及其空间布局展开研究，[⑤]王玉杰和刘东杰对我国沿海的 11 个省市高等教育竞争力水平及其与经济发展耦合协调程度进行测度研究，[⑥]他们的研究均显示各省份高等教育竞争力总体水平呈现空间分异趋势，其中经济发展程度、文化活力和对外开放力度等因素都对区域高等教育竞争力有影响。

① 刘志旺.高等教育竞争力评价实证分析：以山西高等教育为例[J].生产力研究,2008(06)：89 - 90+124.

② 徐天伟,蔡文华,王源昌.云南高等教育发展水平评价：基于高等教育竞争力评价指标体系的实证研究[J].云南师范大学学报(哲学社会科学版),2013(04)：150 - 156.

③ 王玉杰,刘东杰.中国沿海高等教育竞争力水平测度与区域经济耦合协调研究[J].生产力研究,2023(04)：54 - 58.

④ 张哲,叶邦银,丁国勇.中国省域高等教育发展水平与经济社会竞争力协调发展评价：基于离差系数最小化协调度模型[J].湖北经济学院学报,2020,18(06)：32 - 41.

⑤ 黄艳,周洪宇.长江经济带高等教育竞争力测度及空间布局研究[J].中国高教研究,2020(03)：44 - 49.

⑥ 王玉杰,刘东杰.中国沿海高等教育竞争力水平测度与区域经济耦合协调研究[J].生产力研究,2023(04)：54 - 58.

　　提升省域高等教育竞争力需要以系统、整体、开放的思路,结合各省的发展需求和实际条件,实现错位发展,更好地服务于国家和区域实体经济建设。建设高等教育强省成为很多先发省份的政策方略,以推动本区域高等教育的快速发展,广东省、江苏省最早提出"教育强省"和"高等教育强省"战略,助力"教育强国"目标的实现。① 通过已有研究对主要省份战略实施情况的调研和横向比较,再综合对比世界教育强国的高等教育指标,可以看出目前我国相关省份的高等教育强省建设在高校规模、层次结构、服务地区能力、国际化程度等方面还有较大差距,亟须各省制定针对性的战略规划,采取有效的政策措施予以推进。②

---

①　陈伟,吴世勇.从科教兴国到教育强国:论邓小平影响下的广东高等教育[J].复旦教育论坛,2014,12(04):16-20+112.
②　刘斌,金劲彪.教育强国背景下高等教育强省战略区域实践研究[J].江西社会科学,2020(04):243-253.

第一章
中国省域高等教育竞争力的历史表现

在中国现代化的历程中,高等教育扮演着十分重要的角色。新中国成立后,我国开始探索社会主义发展道路,在社会经济发展过程中,也高度关注高等教育的改革和发展。特别是改革开放以来,在"科教兴国"战略和"人才强国"战略的推动下,我国高等教育事业取得了辉煌的成就,为社会培养了大量人才,为经济发展提供了强有力的智力支持,在实践中走出了有中国特色的高等教育现代化发展之路。然而,我国幅员辽阔,人口众多,区域发展不平衡是必然要面对的重大课题。由于不同地区以及不同发展阶段的影响,高等教育区域发展差异是我国高等教育长期、客观存在的基本形态。高等教育竞争力是一个国家和地区竞争力的重要组成部分,在我国经济社会全面转型升级的关键时期,高等教育竞争力将成为区域均衡与协调发展的关键因素之一。在高等教育竞争力的研究框架之下,本章首先梳理了我国高等教育的改革发展进程,通过对不同时期高等教育竞争力发展演变的纵向分析,掌握我国区域高等教育竞争力形成环境的总体变化,并总结出我国省域高等教育竞争力形成的因素,展示出高等教育竞争力在我国区域内的历史表现。

第一节　中国高等教育改革发展进程

近现代中国高等教育的发展是极其缓慢的。新中国成立前夕,4 亿人口中有 8 成是文盲,人均受教育年限 1.6 年。1949 年,我国仅有高等学校 205 所,高等教育毛入学率仅为 0.26％,全部在校生不足 12 万人,其中工科在校生只有

3 万人。① 虽然高等教育体系几经变革，但仍没有彻底改变落后的状况，可以说，新中国成立前的中国高等教育是极其薄弱的，不能满足人民的需要，对社会发展的贡献很小。② 直到 1949 年中华人民共和国成立，在党的坚强领导下，中国的教育事业才发生了历史性的转变，中国高等教育得到全面变革和发展。

一、高等教育新兴和布局时期（1949—1977）

随着新中国的建立，1949 年之后高等教育开启了一个全新的发展阶段。战争结束后，面对旧中国落后薄弱的教育状况，党中央提出了新的高等教育发展方针，以解放区办学经验为基础，并借鉴苏联办学模式，建立了适应中国实际的高等教育发展战略。为实现这一目标，党中央实施了一系列重要措施，包括党管高校、收回教育主权、改造知识分子思想等。通过实施党管高校，政府对高校进行管理和领导，确保高等教育服务国家的发展和社会主义事业。同时，收回教育主权使高等教育不再受外部势力影响，确保教育体系的独立性和自主性。改造知识分子思想，引导教育工作者拥护社会主义教育方针，适应新中国的建设需求。

新中国成立后的很长一段时间，高等教育在高度计划经济体制下运行，学校没有办学自主权，高等教育发展缓慢，整个"一五计划"期间，高等教育只能向国家输送不到 5 万名毕业生。对中国高等教育发展产生了巨大影响的是全面学习苏联模式的开始。这一具有方向性和颠覆性意义的政策使近代中国高等教育政策体系彻底终结，促成了中国高等教育新模式和新体系的创建，在这场声势浩大的学习运动中，最具代表性和影响力的两大政策是院系调整和教学改革。③

高校院系调整是新中国成立初期高等教育改革与建设的一件大事。它是在高等学校教师思想改造运动的基础上，为适应国家大规模有计划的经济建

① 董鲁皖龙.扎根中国大地 奋进强国征程：新中国 70 年高等教育改革发展历程[EB/OL]. http://www.moe.gov.cn/jyb_xwfb/s5147/201909/t20190924_400593.html，2019-09-22.
② Mingyuan Gu. The Development and Reform of Higher Education in China [J]. Comparative Education，1984，20(1)：141-148.
③ 李均.中国高等教育政策史(1949—2009)[M].广州：广东高等教育出版社，2014：2.

设对高教人才的需求和新中国高等教育建设的实际而进行的。整个工作从1950 年酝酿，1951 年教育部领导全国开始了大规模院系调整；1952 年全面展开，教育部确定院系调整的方针是"以培养工业建设人才和师资为重点、发展专门学院、整顿和加强综合大学"；到 1953 年调整建立了工业、农业、师范、医药、财经、政法、语文、艺术、体育、民族等类专门院校，基本完成院系调整工作；1954 年进入收尾阶段，1955 年和 1956 年前后又作了一定范围的调整，并延续到 20 世纪 60 年代，初步形成了我国高等教育的体系结构。1953 年前的院系调整属于高校院系结构的调整，改革旧教育不合理的院系设置的弊病居多；1955、1956 年的调整则以偏重于调整沿海与内地建设的关系等战略性考虑居多。

　　教学改革源自中国人民大学和哈尔滨工业大学对苏联经验的先行学习。1950 年到 1957 年，中国人民大学先后共聘请苏联专家 98 人，主要从事培养师资，为研究生讲课，指导教师编写讲义、教材，推广教学法，指导教师的科学研究，提高理论水平，协助建立教学管理制度等。1954 年 4 月，高等教育部举行大型的中国人民大学教学经验讨论会，总结推广该校学习苏联进行教学改革的经验。高等教育部副部长杨秀峰指出，中国人民大学学习苏联的经验，对其他高等学校都适用，各院校要根据具体情况有计划、有步骤地采用，逐步达到全面系统地学习。[1] 1951 年到 1957 年，哈尔滨工业大学先后聘请苏联专家 53人，协助学校设立了 19 个专业，开设了 151 门课程，建立了 68 个具有现代设备的实验室，编写了 66 门专业课教材、讲义，全面学习和推广苏联高等教育的经验。同时，哈工大还选派教师去苏联高等学校和科研机构进修。1954 年，高等教育部和第一机械工业部共同签署了《关于哈尔滨工业大学的决定》，指出哈尔滨工业大学已基本改造成为采用苏联教学制度的新型工业大学。[2] 中国人民大学和哈尔滨工业大学的办学经验，以至相应的教学计划、规章制度，成为当时高等学校学习苏联先进经验、改革教学的范例。自 1952 年起，各地高等学校也掀起了一场轰轰烈烈学习苏联先进经验进行教学改革的运动，基本上在一个学期之内就将苏联高等学校一整套教学制度移植过来，具体内容包

---

① 余立.中国高等教育史(下册)[M].上海：华东师范大学出版社，1994：45.

② 余立.中国高等教育史(下册)[M].上海：华东师范大学出版社，1994：47.

括"确定高校专业设置,实行全国统一的教学计划,制订统一的教学大纲,翻译和引进苏联高等学校教材,全面引进苏联的教学组织、教学制度和教学方法,加强与苏联高等教育界的人员交流"等几个方面。[1]

然而,照搬苏联模式同样带来了很多问题,教育部也决心对高等教育进行调整,改变管理上过于集中统一的弊端,发挥各部门和地方的积极性。教学领域改革要更加结合中国实际,不以主观主义调整科系和设置专业,以便培养更加适应国民经济各部门具体要求的建设人才。1958 年教育与生产劳动相结合的理念提出后,我国开始进一步探索高等教育改革和发展的新途径。

为了总结新中国成立以来建设社会主义高等教育正反两个方面的经验,邓小平同志主持制定了《教育部直属高等学校暂行工作条例(草案)》(又称"高校六十条")。1961 年"高校六十条"发布,明确提出,高校必须以教学为主,努力提高教学质量;团结一切可以团结的知识分子,正确执行"百花齐放、百家争鸣"的方针;实行党委领导下的以校长为首的校务委员会负责制等,比较全面地确定了高等学校在教学、生产劳动、科学研究、思想政治等基本任务。条例发布后,受到高校广大教职工的欢迎和拥护。1962 年 3 月,周恩来总理在二届人大三次会议上的报告中提出,这个条例可以在全国高等学校中试行。1963年初,全国试行这个条例的高校达到 220 多所。"高校六十条"纠正了 1958 年至 1960 年"教育革命"期间高等教育教学的偏差,总结了新中国成立后高等教育教学及管理的经验教训,是当时条件和认识水平下对社会主义高等教育教学规律及特点的努力探索,在一定时期起到了"准高等教育法"的作用。[2] 其在全国高校试行,形成了教学与科研、生产相结合等新的教育思想,对之后国家高等教育改革和发展具有重要意义。[3]

二、高等教育恢复与改革期(1978—1998)

1977 年高考制度的恢复,是中国高等教育事业发展的一个里程碑,揭开了中国高等教育改革的序幕。1978 年,教育部决定从当年起实行全国统一考试,

[1]　李均.中国高等教育政策史(1949—2009)[M].广州:广东高等教育出版社,2014:54-61.

[2]　杨旭 李剑萍.《高校六十条》:"教育革命"的纠偏与总结[N].中国教育报,2009-10-28.

[3]　方惠坚,范德清.中国高等教育的改革与发展[M].北京:清华大学出版社,2000:2-3.

全国统一命题,由各省、自治区、直辖市组织考试。这一年有 610 万考生参加了这次完全意义上的全国高等学校统一招生考试,冬夏两季共有 67.5 万名新生进入高等学校学习。① 与此同时,教育部还联合中国科学院着手恢复了研究生教育。研究生招生采取"本人自愿申请报考,经所在单位介绍,向招收单位办理报名手续,经过严格考试,择优录取"的办法。从 1978 年 5 月开始,招收研究生的考试在全国进行。当年全国有 210 所高校、162 个科研机构招收研究生,有 63 500 人报考,录取了 10 708 人。② 这个数字相当于"文化大革命"前十七年招收研究生总和(2.3 万多人)的 47%左右。③

1978 年,全国教育工作会议和全国科学大会后,高等教育事业的恢复和整顿全面展开。这一时期成为我国高等教育改革幅度最大、成果最显著的时期之一,形成了高等教育改革和发展的总体思路,出台并完成了多项改革举措,整个改革进展涵盖了思想观念、教育体制、教学改革等主要方面,在高等教育结构、规模、层次和质量方面都跨上了一个新的台阶。④ 党的十一届三中全会后我国高等教育的思想和观念发生了深刻转变。在实事求是思想路线的指导下,高等教育不再仅被视为政治工具,其具备的生产力属性也被广泛接受。教学理念上也从过去那种单一封闭、集中领导、统一办学的思想转变为多渠道、多层次、多元化的教育体制,形成了全局性、综合性高等教育发展观,引导中国高等教育事业逐步走上良性发展的轨道。

随着全党、全国的工作重点转移到社会主义现代化建设上来,党中央确定了对内搞活经济、对外实行开放的方针,经济体制改革率先而行。1984 年《中共中央关于经济体制改革的决定》发布,指引我国进入从旧体制向新体制转轨的全面改革的新阶段。随着经济体制改革的深入,教育体制与经济体制改革之间的矛盾日益凸显,教育体制改革势在必行,迫在眉睫。1985 年 5 月,改革开放后的第一次全国教育工作会议召开。会后,中共中央于 1985 年 5 月 27

① 国家教育发展研究中心.勋誉卓著　永铸丰碑:深情缅怀邓小平同志关心支持教育的历史功绩[N].中国教育报,2004 - 08 - 20(3).
② 刘英杰.中国教育大事典(下)[M].杭州:浙江教育出版社,1993:1579 - 1580.
③ 改革开放以来的教育发展历史性成就和基本经验研究课题组.改革开放 30 年中国教育重大历史事件[M].北京:教育科学出版社,2008:13.
④ 张轩.中国高等教育制度变迁研究[M].北京:现代出版社,2016:72.

日正式颁布了《关于教育体制改革的决定》(简称《决定》)。全国教育工作会议和《决定》的颁布实施是中国教育改革和发展的里程碑,开启了中国教育事业全面改革历程。一系列重要高等教育政策相继出台,体制改革始终是主线和重点,内容包括宏观管理体制、办学体制、招生和毕业生分配制度及高等学校内部管理体制等多个方面。1985 年《决定》指出,"要改变政府对高等学校统得过多的管理体制,在国家统一的教育方针和计划的指导下,扩大高等学校的办学自主权,加强高等学校同生产、科研和社会其他各方面的联系,使高等学校具有主动适应经济和社会发展需要的积极性和能力",为了调动各级政府办学的积极性,提出"实行中央、省(自治区、直辖市)、中心城市三级办学体制",拉开了新时期我国高等教育管理体制改革的序幕,目标是逐步建立起适应社会对专门人才需要的有效机制,促进高等教育发展与经济社会发展相协调。与此同时,改革高等教育的层次结构,着重加快高等专科教育的发展,扶持新兴、边缘学科成长,如财经、政法、管理等薄弱系科,并通过发展高等职业教育和成人高等教育,促进了高等教育形式结构多样化。①

1992 年,邓小平南方谈话和党的十四大召开后,我国改革开放和现代化建设进入新时期。1993 年,中共中央、国务院颁布了《中国教育改革和发展纲要》(简称《纲要》),明确了教育优先发展的战略地位,首次提出实现教育现代化战略目标,为 20 世纪末 21 世纪初的教育发展作出全面谋划。《纲要》颁布后,高等教育发展重点仍然是体制改革——1993 年 2 月,国家教委、国务院学位委员会联合印发《关于进一步深化普通高等学校教学改革的意见》,第一次明确提出了"在高等教育的改革和发展过程中,体制改革是关键,教学改革是核心"的基本政策;1995 年国家教委下发《关于深化高等教育体制改革的若干意见》,推动以"共建、划转、合并合作办学和协作办学"为主要途径的管理体制改革,1998 年调整为"共建、调整、合作、合并"宏观管理体制改革的八字方针。与 20 世纪 80 年代中后期的改革相比,这一时期社会主义市场经济体制的建立和深化是高等教育改革的主要背景,是高等教育管理体制、办学体制改革取得重大进展时期。②

① 李均.新中国高等教育政策 65 年:嬗变与分析[J].大学教育科学,2015(02):79-87.
② 夏鲁惠.我国高等教育体制改革 40 年回顾与展望[J].中国发展观察,2018(24):5-9.

高校多种形式办学、多渠道筹集教育经费、学生缴费上学,突破了国家财政拨款单一渠道的"瓶颈",促使教育改革的广度和深度大为增强,为 20 世纪 90 年代末高校扩招创造了条件,加快了我国高等教育的发展。[①]

三、高等教育跨越式发展期(1999 至今)

随着社会主义现代化建设的不断推进,国家和人民对高等教育的需求逐渐增长。1998 年全世界适龄青年的高等教育毛入学率为 18.18%,其中发达国家为 40.12%,发展中国家为 14.11%,而我国仅为 9.76%,高等教育供给与走上快车道的经济社会需求之间矛盾突出。1999 年 6 月,"第三次全国教育工作会议"召开,国家根据新的经济和社会发展形势制定了大幅度扩大高校招生规模的政策,当年普通高等教育招生人数突增至 159.68 万人,增长率达 47.36%。以此为开端,1999—2001 连续三年大扩招使中国高等教育规模得以迅速扩大,年均增长超过 25%。这三年也是改革开放以来高等教育发展最快的时期,招生人数和在校生数三年翻了一番。[②] 高等教育扩招政策极大地推动了我国高等教育大众化的进程,到 2002 年,全国普通高等学校招生 320.5 万人,我国高等教育总规模达 1 462.52 万人,毛入学率达 15.3%,高等教育正式迈入大众化阶段。[③]

高等教育的扩招使得更多适龄青年可以通过进入大学而寻求改变命运的机会,更好地满足了人民群众接受高等教育的热切愿望。2007 年,中国高等教育规模先后超过俄罗斯、印度和美国,成为世界第一,经过短短数年的艰苦努力,在人均国内生产总值 1 000 多美元的条件下,我国高等教育发展实现了从精英教育到大众教育,走完了其他国家需要三五十年甚至更长时间的道路。[④] 与规模扩张相伴,我国高等教育系统在观念、功能、结构等方面也发生了新

---

① 改革开放以来的教育发展历史性成就和基本经验研究课题组.改革开放 30 年中国教育重大历史事件[M].北京:教育科学出版社,2008:184.

② 改革开放以来的教育发展历史性成就和基本经验研究课题组.改革开放 30 年中国教育重大历史事件[M].北京:教育科学出版社,2008:182.

③ 别敦荣,杨德广.中国高等教育改革与发展 30 年[M].上海:上海教育出版社,2009:4.

④ 中国新闻网.中国高等教育规模超俄罗斯印度美国居世界第一[EB/OL]. http://cn.chinagate.cn/education/2007-10/15/content_9056038.htm, 2007 - 10 - 15.

的变化。在此阶段，我国高等教育在科学发展观的指引下，确定了"规模、质量、结构、效益"协调发展的具体方针，在扩大办学规模的同时，更加注重质量。2010年7月，中共中央、国务院颁布《国家中长期教育改革和发展规划纲要（2010—2020年）》，正式提出"建设人力资源大国"和"高等教育强国"的奋斗目标，高等教育要"走内涵式发展道路"，这份文件也成为推进高等教育现代化的重要纲领，开启了全面实现教育现代化的新阶段。①

在知识经济和全球竞争日益激烈的背景下，高等教育不仅承担培养专门人才的重任，还必须肩负培养国家发展所需的顶尖人才的使命。基于这样的共识，推动从高等教育大国迈向高等教育强国，增强我国高等教育国际竞争力，建设世界一流大学成为社会发展对中国高等教育整体水平提升的迫切要求。20世纪90年代中后期，中国政府决定通过"211工程"和"985工程"推动高水平大学的发展。1998年5月，江泽民在北京大学百年校庆的讲话中提出，"为了实现现代化，我国要有若干所具有世界先进水平的一流大学。"②据此，国家决定对部分高等学校予以在"211工程"基础上更加突出重点的支持，目标是建设若干所世界一流大学和一批世界一流学科。与"985"工程相配合，教育部在《面向21世纪教育振兴行动计划》中提出实施"高层次创造性人才工程"，服务于建设世界一流大学。这两项高水平大学建设工程，为世纪之交开启的这一新时期我国高等教育发展奠定了冲击世界一流的基调。在此基础上，2015年8月，中央全面深化改革领导小组第十五次会议审议通过《统筹推进世界一流大学和一流学科建设总体方案》，将"211工程""985工程"等重点建设项目统一纳入世界一流大学和一流学科建设，加快了建设世界一流大学的步伐。2017年1月25日，教育部、财政部、国家发展和改革委员会印发《统筹推进世界一流大学和一流学科建设实施办法（暂行）》，提出每五年一个建设周期，通过"竞争优选、专家评选、政府比选、动态筛选"周期性的动态遴选产生高校和学科，2017年共有140所高校、465个学科入选"双一流"名单；2022年2月14日，第二轮"双一流"建设高校及建设学科名单公布，建设高校147所，建设学科433

---

① 王静修.中国高等教育现代化的构建与反思[M].北京：知识产权出版社，2017：96.
② 江泽民.在庆祝北京大学建校一百周年大会上的讲话[N].人民日报，1998-05-05(01).

个,此外,不再区分高校类型为一流大学建设高校或一流学科建设高校。

这一系列举措促使国内院校在办学水平、学术竞争力、科研实力和国际影响力方面取得极大进步,形成了一批高水平综合大学;增强了高校的拔尖创新人才培养能力、科研实力、创新能力和为经济社会发展服务的能力;提高了高等教育人才培养质量,凝聚了一大批国际知名专家、学者和高水平师资,缩小了与世界一流大学的差距,显著提升了我国高等教育的竞争力。然而,以世界一流大学为核心的高等教育重点建设政策的实施也带来一定的公平问题,主要体现在高校之间、区域之间的不均衡发展。一些地区的高校由于资源和机会的不足面临发展困境,使得地区间的教育差距进一步扩大。特别是中西部地区,由于历史发展和资源分配的不均衡,其高等教育资源相对匮乏,难以满足地区内部发展需求,进一步削弱了这些地区和院校的竞争力,加剧了高等教育区域不平衡发展。

总体而言,改革开放是我国高等教育事业发展进程中极不平凡的一个历史阶段,在这一发展过程中,高等教育发展取得了历史性成就,面貌焕然一新。我国高等教育在校生人数从新中国成立之初的不足 12 万人发展到 2021 年各种形式的高等教育在学总规模 4 430 万人,建成了世界上最大规模的高等教育体系,为国家培养了亿万名高素质专门人才。我国高校在全球的排名位次整体大幅前移,产出了一批具有国际影响力的标志性成果,有力推动了我国从人口大国向教育大国、人力资源大国的历史性跨越,在服务国家经济社会发展、适应党和国家事业发展需要的历史进程中,成功走出了一条中国特色社会主义教育发展道路。[①]

第二节　中国省域高等教育竞争力的发展演变

从区域来看,在不同时期国家高等教育的发展进程中,各地区的高等教育呈现出发展水平、发展速度、竞争能力和竞争态势等方面的较大差异,区域间

---

① 钟曜平.铸就辉煌的教育道路:写在中华人民共和国成立七十周年之际[N].中国教育报,2019 - 09 - 29.

高等教育竞争力的发展变化也体现出国家和地方政治变革、政策改革的结果。

一、国家宏观控制下的竞争力区域均衡阶段(1949—1977)

新中国成立后,我国高等教育事业经历了几次大的改革。先是以 1952 年的院系调整和随后展开的教学制度改革为主要内容的高等教育改革。1952 年下半年,教育部根据"以培养工业建设人才和师资为重点,发展专门学院,整顿和加强综合性大学"的方针,参照苏联模式,以华北、东北、华东为重点,对全国高校进行了大规模的院系调整,撤销、归并了一些条件差的学校,设置了为国家建设迫切需要的系科专业或建立新的专门学院。院系调整,涉及全国绝大多数高校,明确了综合大学和专门学院的性质任务,尤其加强了工科院校建设,高等学校形成了按学科或行业门类设置的基本特点。1955 年,高等教育部发出《关于 1955—1957 年高等学校院系调整有关事项的通知》,指出"根据中央指示,高等教育建设必须和国民经济的发展计划相配合,高等工业学校应逐步地和工业基地相结合"。经过这次调整,扩大了高等院校的建校规模,增设了新专业,共设置专业 323 种,其中工科已达 183 种。[1]

此外,高等教育管理体制也建立起来。新中国高等教育体制形成于 20 世纪 50 年代初,这一时期的高等教育体制与当时高度集中的计划经济体制相适应,基本特征为"国有公办"。1953 年《政务院关于修订高等学校领导关系的决定》规定各高校必须贯彻执行中央高等教育部颁布的关于全国高等教育的相关计划、制度、条例、指示或命令,确定了高校管理中政府管理部门的主体地位。党和政府对高等教育实行集中统一领导,高等教育所需经费几乎全部依靠政府的财政拨款,国家根据行业、部门和地区发展计划制定招生规模并按不同层次、专业和学校分配招生指标,高校专业和课程设置等全部由国家包办,学生毕业后由政府统一安排对口工作。[2]

新中国成立后到改革开放前夕,中央政府对高等教育发展的调控能力比

---

[1] 李泽林,杨海燕.中国高等教育 70 年学生角色演变与培养方式变迁[J].北京教育(高教),2019(10):87-92.

[2] 皇甫林晓,梁茜.新中国成立 70 年来高等教育办学体制改革的历史回顾与未来展望[J].大学教育科学,2020(01):73-79.

较强,在中央政府主导下,各地区的高等教育被赋予紧密结合国家战略重点,服务经济建设需要的使命。高等教育初期是按宏观行政区划为基础安排的,高等学校形成了按区域设置的基本布局。北京、辽宁、江苏、湖北、四川、陕西等政治、经济重地是高等教育空间布局的重点区域,从门类来看,综合性高校和理工科院校始终是建设的重点领域。① 各大行政区至少有 1 所综合大学,1～3 所农学院,1～3 所师范学院,多所专业性工学院及专科学校。1955—1957 年,为避免高校过于集中于少数大城市特别是沿海大城市的状况,逐步推动并实现工业院校与工业基地相结合,进一步加强了内地高校建设。②

在这样的战略安排之下,我国形成了以服务重化工业为主要任务,以理工科为重点,以北京、天津、上海等中心城市为载体,以重点院校为龙头的高等教育空间布局,基本上改变了旧中国重文轻工的状况,一定程度上解决了高校地区分布的不合理,但同时诱发了体制条块分割、中央与地方在学科领域重复布局、部委院校与地方院校的学科水平差距拉大等问题。③ 由于中央政府对高等教育发展的调控能力比较强,经济发展、社会供给、高校招生和就业等均处于计划的刚性控制之下,区域内经济社会发展与高等教育之间的空间依赖性并不明显,地区的高等教育发展差异化问题也不是很突出,④各省域之间的高等教育竞争力差异并不显著,整体上较为均衡。

国家通过行政命令手段对高等教育进行高度集权式管理延续三十余年,集中财力物力,重点建设一批高校及学科,具有迅速动员社会资源、促进高等教育发展、使高等教育主动按照国家计划和需要设置的优点。国家的宏观控制对于新中国高等教育发展以及社会主义建设事业发挥了重要作用,使得高等教育成为国民经济计划的有机组成部分,促使我国高等教育体系的迅速建立,为国家和社会培养了大批高素质人才,基本适应了当时社会和经济的发展需要,形成了前 50 年高等教育系统的基本格局,奠定了新中国高等教育的发展基础,在社会主义初级阶段的经济建设中发挥了重要作用。

---

① 胡耀宗.省域高等教育空间布局变化与规模分析[J].现代大学教育,2013(05): 59 - 64.
② 马陆亭.高教 70 年: 在服务国家建设中转型升级[N].中国教育报,2019 - 09 - 30(05).
③ 刘国瑞.学科调整须与高教空间布局优化相统筹[N].中国科学报,2021 - 05 - 25(07).
④ 刘国瑞.我国高等教育空间布局的演进特征与发展趋势[J].高等教育研究,2019(09): 1 - 9.

二、政策驱动的竞争力非均衡发展阶段(1978—1991)

计划经济体制下,社会发展长期面临着效率低下的困境,改革开放引入了市场竞争的效率机制,市场经济改革起步,我国社会转而进入以经济建设为中心的发展时期。从全国来看,中央政府采取了非均衡的区域发展战略,在"让一部分人、一部分地区先富起来,一部分地区发展快一点,带动大部分地区"为核心的共同富裕政策指导下,经济得到了快速发展。经济效率成为此时期的发展主旋律,市场经济这只"看不见的手"对区域发展的影响力不断上升,资金、人力资源等生产要素更为顺畅地流向利润率高的地区,在市场作用下区域间的差距不断拉大。尤其是进入 20 世纪 80 年代以来,改革开放使我国区域经济政策、地区发展重点、投资的地区分配等都发生了根本性的变化。1982年,东、中、西三类地区的全社会固定资产投资总额分别为 623.17 亿元、342.21亿元和 179.78 亿元,分别占全国投资总额的 50.65%、27.8%和 14.6%;1987年,三类地区的投资总额分别变为 1 974.38 亿元、899.71 亿元和 500.45 亿元,占全国投资总额的比重分别变为 56.12%、25.57%和 14.2%,投资走向不断向东部沿海倾斜。[①]

80 年代,在中国经济体制全面改革和加速发展高等教育的形势下,高等教育领域也开启了全面改革。高等教育的发展在经济效率观的主导下,呈现出以省为区域,各省彼此相对独立自主地发展本地高等教育的省域化发展特征。[②] 从管理权限上看,高等教育形成中央和省级人民政府两级管理、以省级人民政府管理为主的两级办学体制。1980 年以后,中央只直接管理中央各部委所属的学校,并负担这类学校的财政拨付经费;地方所属学校的管理、规划和经费,则由地方财政全部负担。1985 年出台的《中共中央关于教育体制改革的决定》进一步确立中央、省(自治区、直辖市)、省所属中心城市三级办学体制,把为中心城市服务的短期职业大学和部分师范专科学校的管理权限下放给经济日益活跃的中心城市负责,积极倡导部门、地方直接联合办学,调动各

---

① 张文合.我国区域经济发展战略的转变与选择[J].经济研究,1989(10):71-76.

② 陈上仁,谢玉华.新中国 60 年高等教育发展观变迁:均等化・省域化・均衡化[J].教育学术月刊,2010(01):40-42+53.

级政府办学的积极性。这代表着我国高等教育地方化进程的正式开启。自此之后,高等教育得到跨越式发展,实现高等教育大众化的任务大多由地方高等教育承担,省级政府也开始承接更多的高等教育权力,省域高等教育有了客观的现实基础和政策支持。

　　高等教育既是地方分权的重要方面,也是地方政府竞争的重要领域。省域高等教育结构调整主体呈现政府、高校、社会三元结构,中央政府放权,地方政府、高校和社会拥有更多的话语权和操作权,形成多主体共同参与的格局。高等教育财政经费体制改革也随之开展,指导方针是通过高等教育经费筹措、分配和使用权力的下放,授予学校更大的自主权,来促进学校加强与日益活跃的经济的联系,并在这一过程中通过学校自身的努力谋求投资来源的多元化和提高资源的使用效益。地方财政负担了全国普通高等教育财政拨付一半左右的经费(见表1-1),各地区学校计划外经费收入也有显著增加(见表1-2),反映出学校与经济、科技和社会领域联系的加强。

表 1 - 1　高等教育预算内经费统计(1989—1991)

	1989	1990	1991
高等教育预算内经费(亿元)	86.02	89.57	99.89
中央(%)	51.0	51.8	52.7
地方(%)	49.0	48.2	47.3

资料来源:上海市教育科学研究院.高等教育投资来源多元化与体制改革研究报告[R].上海:上海市教育科学研究,2010:7.

表 1 - 2　高等学校预算外经费收入统计(1989—1991)

	1989	1990	1991
全国合计(亿元)	11.08	12.64	14.92
中央直属学校	6.47	7.35	9.14
地方学校	4.61	5.39	5.78

续 表

	1989	1990	1991
指数增长（以上年为 100）	100	114.1	124.3
中央直属学校	100	113.6	120.7
地方学校	100	116.9	107.2

资料来源：上海市教育科学研究院.高等教育投资来源多元化与体制改革研究报告[R].上海：上海市教育科学研究,2010：7.

　　高等教育省域化发展增强了地方政府的办学积极性,权力的下放对于调动地方教育资源,促进学校为地方经济、科技及社会服务方面具有明显的优越性。在一定的自主政策空间内,各省的高等教育都得到不同程度的独立、快速发展,但由于各省之间经济发展的基础存在差距,省域之间的高等教育的发展差距也趋于明显。尽管 2003 年十六届三中全会通过的《关于完善社会主义市场经济体制若干问题的决定》明确提出"统筹区域发展"的要求,但落实到各地方政府却倡而不行,追求高等教育自成体系、自我完善,在竞争中出现了资源争夺失范、招生指标争夺与属地化倾向、重复建设（学科专业、院校结构同构化）、产能过剩（人才培养）、资源浪费严重（设施设备闲置）等问题,导致了资源分布与发展失衡。[①] 可以说此阶段各省高等教育竞争力的非均衡发展是区域非均衡经济战略驱动之下,高等教育省域化、分权化所带来的必然结果。

三、高等教育体制改革深化下省域竞争加速阶段（1992—2014）

　　1992 年,邓小平南方谈话中提出要建立社会主义市场经济体制,党的十四大明确提出建立社会主义市场经济体制的改革目标,中国经济体制改革进入以制度创新为主要内容的新阶段,财政、税收、金融、外汇、计划和投融资体制改革进一步深化。然而,作为为国家经济社会发展输送高素质人才的主渠道,直到 1998 年我国大学生在校人数只有 780 万,高等教育毛入学率仅为 9.8%,远远不能满足人民群众接受高等教育的需求和国家经济社会发展对人才的需

[①] 蒋华林.从"条块分割"到"块块分割"[D].武汉：华中科技大学,2016：10.

求,高等院校扩招势在必行。1998年全国高校的招生人数为108万,之后高等教育招生规模不断扩大,到2002年普通高校招生320万人,高等教育毛入学率已达到15%,正式进入大众化阶段,此后,这一数字仍大跨步增长,高等教育向普及化阶段快速迈进。①

适合我国的高等教育宏观管理体制自新中国成立以来就一直在摸索着,改革开放以后我国高等教育管理体制改革不断向分权化、省级统筹方向深化。② 伴随扩招,过去"条块分割、部门办学"的旧体制已经不能适应高等教育快速发展的现实,高等教育体制进行了"共建、调整、合作、合并"大调整后形成新格局,突出表现在:第一,地方高校成为中国高等教育的主体。到2013年,全国有普通高校1908所,其中地方所属高校1797所(公办1502所,民办295所),占94.2%;③第二,高等教育管理重心进一步下移,走向"三级办学、两级管理、以省为主"的发展路径,基本形成了以省级政府统筹为主的高等教育体制;第三,地方政府对高等教育的财政投入水平不断提高,高等教育经费以省级政府投入为主。1994年确立的以分税制为核心的新的财政体制框架为政府提供了实行宏观管理的必要手段,促进了地方财政包干体制向分级财政体制的转变,随着我国财政分权程度的提高和高等教育规模的扩大,我国高等教育体制的分权程度也随之提升。④ 随着高等教育体制改革的深化,省域高等教育区域结构已经相对固定,省级政府和高校对省域高等教育区域结构调整占据绝对主导权,使得省域高等教育的竞争更加激烈,省域高等教育发展也迎来了更多的契机。

高等教育发展得到地方政府的高度关注和支持。"九五"计划期间,地方政府强调高等教育规模和效益并重,例如,1996年河北省制定的《河北省"九五"及2010年社会发展规划》,提出在"九五"计划期间要以提高高等教育质量和办学效益为重点,努力扩大总体规模,大幅度提高全省公民的受教育水平,目标是到2010年每百人中接受高等教育的比重接近中等收入国家水平;安徽

① 董鲁皖龙.扎根中国大地　奋进强国征程:新中国70年高等教育改革发展历程[EB/OL]. http://www.moe.gov.cn/jyb_xwfb/s5147/201909/t20190924_400593.html, 2019-09-22.
② 罗良针,张阳.省域高等教育结构调整的理论研究[M].南昌:江西人民出版社,2014:69.
③ 丁晓昌.做强省域高等教育研究[M].北京:高等教育出版社,2016:4.
④ 曹淑江.高等教育体制分权化改革的理论分析[J].浙江社会科学,2006(01):126-130.

省 1996 年发布《国民经济和社会发展"九五"计划和 2010 年远景目标纲要》，要求在扩大规模基础上，进一步调整和优化高等教育结构，有计划、分步骤地办好省属重点高校和一批重点学科。"十五"和"十一五"计划期间，各省结合本省优势设定了更具体的远景目标，如 2007 年的《江苏省教育事业发展"十一五"规划》指明，江苏省高等教育进入规模、结构、质量和效益协调发展的新时期，设定了 2020 年江苏教育发展（教育现代化）的主要指标，其中三分之一都是与高等教育直接相关指标；2007 年出台的《浙江省人民政府关于促进高等教育发展的若干意见》提出浙江省高等教育发展的总体目标和任务是，短期内（2010 年）全省高等教育毛入学率达到 45％，到 2020 年，全省高等教育进入普及化阶段，建成一批国内一流、国际上有一定影响的高等学校。广东省注重增强本地政府为经济、社会发展高等教育、培养人才的能力和责任，积极鼓励和吸引社会资金投资高等教育，2007 年制定的《广东省教育发展"十一五"规划》明确支持非义务教育学校通过社会融资、教育服务、科技开发和发展校办产业等途径筹措教育经费。

随着高等教育规模的显著扩张，加快从高等教育大国向高等教育强国迈进，已成为中国高等教育改革与发展的强音。2005 年，江苏、浙江、广东等省率先进行建设教育强省的战略布局。2007 年，中国共产党第十七次全国代表大会提出了"优先发展教育，建设人力资源强国"的战略目标，这标志着中国高等教育改革与发展迎来了一个新的历史起点。在这一宏伟目标的鼓舞下，更多省份做出了提高高等教育质量，实现由高等教育大省向高等教育强省跨越，建设教育强省、文化强省和经济强省的重要战略选择。2007 年，湖南省发布了关于"建设教育强省"的 30 条决定，山东省制定了建设高教强省行动计划，黑龙江省制定了高等教育强省建设规划。[1] 显然，建设高等教育强省，实现高等教育又好又快发展已经列入这一时期许多省政府工作的议事日程。2010 年，《国家中长期教育改革和发展规划纲要（2010—2020 年）》（简称《教育规划纲要》）颁布，提出了 2010—2020 年教育改革和发展的战略目标：到 2020 年，基本实现教育现代化，基本形成学习型社会，进入人力资源强国行列。《教育规划纲要》出台之后，各省也相继颁布了各地的教育规划纲要或实施意见，对本省教

---

① 丁晓昌.做强省域高等教育研究[M].北京：高等教育出版社，2016：46.

育事业十年发展宏图进行了整体设计。

各省根据本地实际情况有针对性地加大投入、转变发展方式在缩小教育差距的努力上已经取得一定成效。一项项高教强省计划的出台,展现出各省对于高等教育数量和质量领先全国的发展决心。高等教育的规模、质量、结构、效益、水平、贡献等重要指标都是制胜省域高等教育竞争的关键要素。虽然一些实证研究还是揭示出省域高等教育发展水平存在较大差距,比如,从基础数值方面来看,到 2020 年,广西、云南、贵州、甘肃、新疆、宁夏、内蒙古、西藏、四川、广西和海南等省份毛入学率才能刚刚达到国家最低标准 40%,而天津、湖北、江苏、陕西、浙江、黑龙江、辽宁则将高达 60% 以上,[①]但相比 20 世纪80 年代的情况,差距在逐渐缩小。[②] 这一发展结果说明"中国区域间教育发展差距可以通过教育的不断发展来解决"[③]。

四、面向优质高等教育建设塑造省域竞争优势阶段(2015 至今)

"双一流"建设是我国高等教育领域的又一次重大改革,是党中央、国务院针对国家发展新形势所做出的重大战略决策。2015 年 8 月 18 日,中央全面深化改革领导小组会议审议通过《统筹推进世界一流大学和一流学科建设总体方案》,对新时期高等教育重点建设做出新部署,将"211 工程""985 工程"及"优势学科创新平台"等重点建设项目,统一纳入世界一流大学和一流学科建设。2017 年 9 月 21 日,教育部、财政部、国家发展改革委联合发布《关于公布世界一流大学和一流学科建设高校及建设学科名单的通知》,正式确认公布世界一流大学和一流学科建设高校及建设学科名单。首批"双一流"建设高校共计 137 所,其中世界一流大学建设高校 42 所(A 类 36 所,B 类 6 所),世界一流学科建设高校 95 所;"双一流"建设学科共计 465 个(其中自定学科 44 个)。为着力解决首轮"双一流"建设中仍然存在的高层次创新人才供给能力不足、服务国家战略需求

① 江曼琦,吕翔.地方中长期教育事业发展规划目标的比较与分析[J].教育科学,2012(03):5-9.
② 李学.省域教育发展水平的实证研究:以湖南建设教育强省情况为例[M].武汉:华中科技大学出版社,2016:2.
③ 孙百才.测度中国改革开放 30 年来的教育平等:基于教育基尼系数的实证分析[J].教育研究,2009(01):12-18.

不够精准、资源配置亟待优化等问题，经中央全面深化改革委员会第二十三次会议审议通过，2022 年 1 月 26 日，教育部、财政部、国家发展和改革委员会印发《关于深入推进世界一流大学和一流学科建设的若干意见》，经国务院批准，"双一流"建设高校及建设学科名单更新公布，新一轮"双一流"建设正式启动。

　　"双一流"建设为地方高校提高学科实力提供了一次发展契机，随着国家"双一流"建设相关文件的出台，各省、自治区、直辖市也形成政策的"支持联盟"，相继出台了本地区的"双一流"建设方案，积极筹措资金支持鼓励省级一流大学和一流学科建设，推动地方高校提升办学水平，鼓励地方高校建设优势特色学科，争创一流服务区域发展。例如，山东省、广东省均计划投入 50 亿，目标建立 2 所世界一流大学以及百余个重点学科；北京市更是设置了百亿投资的目标，推进高校高精尖创新中心建设计划；江苏省则另外推出全国百强省属高校建设项目，对综合办学实力进入全国百强的省属高校给予重点支持，每年每校设立 1 亿元专项资金；广西壮族自治区也通过多渠道统筹 50 亿元资金支持"双一流"建设。从地区的建设方案来看，各省市的"双一流"建设目标均紧密结合本地区的经济社会发展特点，展示了高等教育的省域智慧，具有鲜明的地域特色，北京、上海、江苏、广东等个性化方案的实施也为其他省域"双一流"建设的落实提供了有益借鉴。①

　　不同于以往重点建设的"项目工程"，"双一流"建设是一项长期系统的推进工作。此次改革最重要的特点之一就是将"协调发展"作为高质量高等教育建设的理念。过去"211"和"985"受到诟病的原因恰恰是区域布局的不协调，"一省一校"的建设原则导致各个省区之间的不协调问题愈发突出。"双一流"建设坚持协调发展，考量不同省区之间的经济发展总量和人口数量，乃至区域位置等条件，把国家优质高等教育资源的"蛋糕"做大的同时，还要考虑分好的问题，向中西部优质高等教育资源稀缺、落后省区倾斜。② 中国高等教育学会原会长瞿振元倡议，"双一流"建设高校在发挥自身优势的同时，要担负起对地方高水平大学和优势特色学科的引领作用。东部发达地区的"双一流"建设高

---

① 王战军，刘静，杨旭婷等.省域"双一流"建设推进策略研究[J].江苏高教，2019(10)：20-27.

② 宋伟.用新发展理念指导"双一流"建设[EB/OL]. http://www.xinhuanet.com/politics/2017-05/02/c_129583090.htm，2017-09-25.

校应以对口支援、结对帮扶等方式,积极助力西部高校的建设;西部建设高校可以充分利用与"双一流"高校的共建机制,通过合作共享资源、引进高水平师资、开展科研合作等方式,加速学科的发展和提升。① 通过"双一流"建设高校的引领作用,可以促使不同地区的高等教育机构在各自的优势领域进行特色建设,塑造地区竞争优势,同时做到优质高等教育资源省域之间的相对协调发展,提升整个地区的高等教育水平,为我国的高等教育体系构建更加有活力和适应性的新格局,推动区域综合均衡发展。

第三节　我国省域高等教育竞争力的形成要素

美国高等教育学者菲利普・阿特巴赫在《比较高等教育：知识、大学与发展》(*Comparative Higher Education: Knowledge, the University, and Development*)一书中文版导言中提道:"跨入 21 世纪之际,中国高等教育面临着一些特殊的挑战……经济与科学的全球化使得中国大学必须参与国际竞争。中国怎样才能同时提供和提高入学机会与质量呢? 大众高等教育怎样资助? 谁来支付费用? 中央和省级政府如何处理 21 世纪的高等教育需求? 中国大学能够获得必要的自主权以便自己找到解决这类问题及其他问题的途径吗?"②阿特巴赫认为这些问题的答案决定了中国大学在 21 世纪的世界竞争中能否取得成功。同样,解决这些高等教育发展的棘手问题的过程也是提升竞争力的必经之路,高等教育与经济发展的联结加深,持续的高等教育体制改革和政策调整以及地方自身的发展和人民需求的变化推动本地区高等教育竞争力的不断提升。

一、高等教育对高质量经济发展影响增强

近年来,随着全球产业升级和技术革命的加速,仅依靠传统的低成本、高

---

① 瞿振元.稳中求进,锐意创新　深入推动"双一流"高质量建设[EB/OL]. http://www.moe.gov.cn/jyb_xwfb/moe_2082/2022/2022_zl04/202202/t20220214_599086.html, 2022-02-14.

② [美]菲利普・阿特巴赫.比较高等教育：知识、大学与发展[M].人民教育出版社教育室,译.北京:人民教育出版社,2000:2.

投入的经济模式已不足以保持持续的经济增长和社会发展,要实现可持续的高质量发展,必须进行经济结构调整和转型升级。基于我国发展所面临的新环境、新变革和新条件,党的二十大报告提出,将"高质量发展"作为全面建设社会主义现代化国家的首要任务,这也意味着我国经济已经处于从高速增长阶段向高质量发展阶段转变的重要节点。[①]

高等教育对经济发展有着多种影响机制。资源消耗型、低技术含量和低附加值的传统产业对于高等教育的要求并不高,但是在发展高质量经济方面,高等教育对经济所产生的直接效应、间接效应和互补效应对经济转型的作用逐渐增大。[②] 具体而言,高质量经济发展需要创新驱动,而创新主要依赖于高水平的人才。高等教育通过培养高级人才和提供专业知识,为经济发展注入了高质量人力资本。接受高等教育的群体能够加速知识、技术等要素在区域内的扩散与流动,通过人力资本流动,产业结构可以得到优化和调整,从而推动整体产业的升级[③]。随着产业结构的升级,新的业态和模式不断涌现,高等教育则进一步满足新兴产业对高质量人才的需求,实现产业与人才的紧密匹配,从而推动经济持续增长。

在从高等教育到产业升级再回溯高等教育培养创新人才的链条上,高等教育为经济的高质量发展提供了人才支持和创新引擎,高校则是整个区域创新系统的关键环节。比如美国斯坦福大学周边的"硅谷"地区以及位于杜克大学、北卡州立大学和北卡罗来纳大学之间的北卡三角研究园,德国慕尼黑的巴伐利亚地区,日本的筑波科技城等世界知名的高科技园区拥有众多高水平大学和科研机构,培养了很多高技术的科学家、工程师和创建一流高科技公司的企业家,通过高等教育、创新生态系统、技术交流与合作等组合手段,促进了整个区域的发展。从国内来看,广东省就是一个很好的例子。在整体布局上,广东省以"冲一流、补短板、强特色"为方向,兼顾发展"双一流"院校、地市级本科

---

① 王伟光.开创高质量发展新局面[N].经济日报,2023-05-15(12).
② 黄海刚,毋偲奇,曲越.高等教育与经济高质量发展:机制、路径与贡献[J].华东师范大学学报(教育科学版),2023(05):26-40.
③ 何小钢,罗奇,陈锦玲.高质量人力资本与中国城市产业结构升级:来自"高校扩招"的证据[J].经济评论,2020(04):3-19.

院校和特色突出的高水平院校,这种省域高校划分与美国加州 20 世纪 60 年代高等教育规划十分类似,分别对应顶尖的研究型高校、教学型本科院校以及社区学院等不同层次院校。不同类型高校通过技术创新、输送人才、产科教融合互动发挥自身功能,如深圳理工大学与周边合成生物研究大设施、脑解析与脑模拟大设施、生物安全 P3 实验室、深圳医学科学院、中山大学深圳校区等多个高端科研平台合作,近年来开展横向项目近 1 200 项,累计孵化企业近 2 000 家。① 广东省高等教育对高科技产业、信息传输、信息技术服务业、金融业等高端服务业都起到了很好的人才支撑作用,为市场提供了大量的具有产业经验的管理和技术人力资源,对稳定产业链起到十分重要的作用,从而保障了经济的长远发展。②

二、体制和变革激发了地方的高等教育建设热情

改革开放之后,尤其是经过 20 世纪 80、90 年代的整体性调整,我国高等教育管理体制的改革已经取得了阶段性成果,形成了中央和省级政府两级管理、以省级政府统筹管理为主的基本格局。21 世纪以来,在向市场经济快速过渡的阶段中,我国高等教育与此同步,从政府主导逐步向市场靠近,高等教育的发展方式、运作方式以及地位都在逐渐重塑。以体制改革为契机,国务院各部门所管辖的高校也进行了结构调整——将大部分高校从行业服务角色转变为社会服务和区域经济发展的支撑性角色;部分中央单位仍然保留了对个别高校的管理职能,少数原部委所属高校则逐步划归各省、自治区和直辖市,实施共建、以地方管理为主的模式,由此,省级政府才真正拥有了对区域内高校的统筹管理权。③ 管理权的下放给予省级政府更多的改革空间,提高了地方推动高等教育发展的积极性。在各省统筹协调下,形成了适合本地区发展的比较合理的结构布局,其中改革调整力度最大的是合并建

---

① 伍素文.广东"疯狂"建高校:十年新增 40 所,求解经济倍增的科创密码[EB/OL]. https://www.21jingji.com/article/20240625/herald/2541f4a805c1597d409a98243e76c9a9.html, 2024 - 06 - 25.

② 王伯庆.深度解读:高等教育与地区经济发展有何关系? [EB/OL]. https://new.qq.com/rain/a/20200619A09UTG00, 2020 - 06 - 19.

③ 韩喜平,常艳芳.论中国特色高等教育管理体制的改革路径[J].大学教育科学,2010(03):45 - 50.

立了一批各类学科比较齐全的综合性大学和多科性大学,有效改变了很长时间内我国高等教育存在的办学分散、重复、规模偏小、单科性院校偏多等不合理状况。①

　　无论是高度集权的计划经济时代还是分权管理的市场经济时代,我国高等教育体制的每一次改革都是以政令、政策、法令为主导实施,基本上因循自上而下的国家控制模式。② 从这个角度而言,即使拥有一定的高等教育管理权限,地方的自主性和积极性还是会受到国家相关政策的影响。比如从"211 工程"到"985 工程"再到"双一流"建设政策的推进中,我们能明显捕捉到各地区的反应和参与度。"211 工程"由中央选择重点建设高校和学科,完全由中央专项资金对口拨付资助建设;"985 工程"则是经教育部、高校及其所在省、自治区、市和主管部门的协商后,综合决定通过部省共建的方式执行,建设资金也是由多方筹措,其初衷在于以点带面,以大区为中心,以各省为支点,通过重点扶持一批基础较好的高校率先建设成为高水平研究型大学,进而带动全国高等教育整体水平的提升。③ 在二十余年的发展中,985 部省共建模式给了各省更多省属优先的权力,逐渐形成各省"自有资源"的趋势,尤其是 985 大学所在的中心城市,更是得到极大优势和高等教育红利。加之地方省份由于自身经济发展水平不同,对共建高校的配套支持存在显著差异,即使是同一期同一层次的高校,所得到的各省的支持也大相径庭,④地区间的不平衡发展和资源倾斜的现象突出。"双一流"的动态遴选方式打破了前两个计划存在的身份固化、缺失竞争等问题,建设过程实施动态监测、动态管理,对建设成效进行定期评价,突出绩效导向。"双一流"战略的"溢出效应"已经产生,进一步点燃地方加强高等教育重点建设的热情。各地不同层次的高校普遍受益,激发了地区高等教育发展更大的活力和潜能。

---

① 张轩.中国高等教育制度变迁研究[M].北京:现代出版社,2016:114.
② 曾羽.中国高等教育制度变迁及创新研究[M].上海:复旦大学出版社,2015:241.
③ 刘昌乾.中国政府建设世界一流大学政策的变迁研究:基于渐进决策理论的视角[J].中国人民大学教育学刊,2019(01):5-15.
④ 注:如"985 工程"第一期的中山大学、山东大学、兰州大学,虽然均获得中央投入 3 亿元,但是在地方配套上,广东省的投入力度远超其他省份,相比广东省 9 亿元,山东省 5 亿元,甘肃省的配套支持只有 1.5 亿元。

三、地区发展和人民群众日益增长的高等教育需求

就高等教育地位与作用而言,省域高等教育体系具有特殊性。省域高等教育体系既是国家整体高等教育体系的组成部分,又是省内各次级区域(如地、州、市)高等教育系统的结合体,其发展不仅会受到国家高等教育结构纵向上的影响,也受其他省域横向上的影响,此外还会受到所在省域经济社会发展横断面上的影响。① 从这一点出发,省域高等教育功能的发挥就被赋予了几个必须纳入考量的目标:首先,尽力满足本省经济和社会发展的需要;其次,尽力满足本省人民群众的高等教育发展要求;再次,结合省域实际,最大限度优化省域高等教育资源,生成最大化效益;最后,在兼顾省域实际的基础上,尽可能满足高等教育办学者的需求。② 对我国而言,受地方经济、产业发展、社会环境等多方面因素的影响,不同省份之间,地方高等教育发展的需求是有所差异且多样化的,这种差异主要体现在需求的强度以及来源上。从强度来看,有些地方的需求十分充足,有些省份则存在高等教育需求不足的情况。从来源看,有些省份的高等教育需求主要来自政府的配置,市场和社会的需求尚未得到激发。相比之下,经济较为发达的地区,市场性质的高等教育需求十分强劲,这意味着在这些地区,企业、产业乃至个人对于高等教育的需求非常旺盛,整个地区对高素质人才的需求也更为迫切。③

地方需求驱动的典型是深圳市的高等教育跨越式发展。20 世纪 70 年代,广东在中央同意给予"特殊政策和灵活措施"后,抓住创办经济特区与发展外贸经济两个机遇,率先尝试对外开放,深圳经济特区在中央部署和省政府的大力扶持下兴办起来。深圳市政府意识到高等教育与城市之间的"互促共长"关系,综合考虑与其他国内一线城市高等教育基础的差距之后,选择结合本地优势,走差异化发展和特色发展之路。2000 年,深圳开始尝试与名校合作创办以研究生培养为主的大学城,市政府先后与清华大学、北京大学、哈尔滨工业大学签署合作办学协议,引进一流名校进驻深圳办研究生教育,加快深圳高层次

① 刘六生,姚辉.省域高等教育结构合理性评价研究[M].北京:科学出版社,2017:29.
② 刘六生,姚辉.省域高等教育结构合理性评价研究[M].北京:科学出版社,2017:30.
③ 陈伟.省域高等学校分类发展:政策逻辑与实践路径[J].教育发展研究,2020,40(03):1-7.

创新人才培养。近年来,深圳加快集聚国内外优质资源,通过引进办学与自办高校并举,迅速扩大高等教育规模,发展优质高等教育,南方科技大学、香港中文大学(深圳)、中山大学(深圳)、深圳北理莫斯科大学、哈尔滨工业大学(深圳)、深圳技术大学、清华大学深圳国际研究生院、天津大学佐治亚理工深圳学院等先后获教育部批准设立,截至 2020 年已开办高校 15 所,全日制在校生11.32 万人,充分体现了高等教育的"深圳速度"和"深圳创新",极大提升了整个广东省的高等教育竞争力。[①]

除了地区高等教育本身的发展所需,人民群众日益增长的高等教育需求也逐渐得到重视。河南是中原地区经济大省和人口大省,对优质高等教育资源需求十分强烈。尽管经过数十年发展,河南省高等教育水平得以不断提升,但"高等教育洼地状况尚未得到根本改善,高水平大学严重匮乏",依旧是河南大学校长、中国科学院院士张锁江的担忧。此外,高等教育适龄人口与本省高等教育资源严重不匹配,优质高等教育资源更是匮乏——2022 年河南高考考生 125 万人,占全国 1/10 还多,但全省却没有一所教育部直属高校,仅有两所"双一流"建设高校。[②] 近年来,河南省展现出解决这一难题的决心,不仅向中央争取更多资源倾斜,也从自身发展需求出发,瞄准优质高等资源的高端突破,通过实施创新驱动、科教兴省、人才强省战略,积极引进世界高水平大学,加大中外合作办校等多项手段,以集中优势资源,增加本省优质高等教育资源供给,推动全省高等教育高质量发展。

---

① 姚卓文.深圳高等教育超常规跨越式发展[N].深圳特区报,2020 - 07 - 14.
② 张锁江.河南高等教育高质量发展须政策倾斜[EB/OL]. https://news.sciencenet.cn/htmlnews/2023/3/496006.shtm, 2023 - 03 - 13.

第二章
中国省域高等教育竞争力的分析框架

本章立足竞争力视角,结合有关国家竞争力、教育竞争力的研究理论和范式,以及高等教育竞争力概念,构建起基础性竞争力、优异性竞争力、潜力性竞争力所组成的高等教育竞争力研究框架,并建立起可操作的测量和评价体系,为后续内容奠定理论基础。

第一节　核心概念界定

本书涉及"竞争力""高等教育竞争力""省域"这三个核心概念,在结合已有研究和广泛接受的定义的基础上,展开我们的论述。

一、竞争力概念的提出

竞争一词来源于拉丁文 Competere,意思是"一起奋斗(to strive together)或一起(com)寻找(petere)某些共同的兴趣"。基于该词的原始含义,真正的竞争是指在合作实现某个共同目标时,一起工作或努力。在中国,"竞争"一词最早出现在《庄子·齐物论》中,文中有"有竞有争"之说。郭象注曰:"并逐曰竞,对辩曰争",指互相争胜的意思。直到达尔文的《物种起源》出版后,竞争才具有了现代的意义,其本质和作用才为越来越多的人所认识。生物学意义上的竞争(competition),是指同种或者不同种生物因争夺空间、食物等环境资源而发生的生存斗争。这一概念后来逐步被引入社会学、经济学等领域。学者们从不同的角度对竞争的定义进行了探讨,各种关于"竞争"的观点肯定了"竞争"是发生在两个及以上的不同主体(包括个人、组织,如国家、政府、企业、学校、团体等或者群体)之间,为了一定的竞争目的,在一定的竞争领域或范围内进行争夺或较量。①

与竞争密切相关的另一个概念就是"竞争力"。20世纪80年代以来,世界经济一体化发展和世界经济多极化趋势日益显现,美国等西方发达国家一些产业竞争地位受到极大挑战。竞争的基础是竞争力,而"竞争力"一词最早就是由美国等西方发达国家以国际竞争力的形式提出,正式出现是在《欧洲产业的竞争力》(*The Competitiveness of European Industry*)一书中,提出了竞争力的概念、国家经济的竞争力以及有助于提高企业竞争绩效的战略三个重要主题,之后西方国家的政府机构、学术机构和企业相继开展了广泛和深入的国际竞争力研究,希望以此提升本国的国际竞争力水平。②

正如弗朗西斯所言,关于国家经济竞争力的争论并没有建立在一个明确的定义上,而仅使用了反映这一概念的部分指标。③根据不同的机构和学者的学术背景、理论框架、侧重点,对竞争力的理解也不同,定义众说纷纭。有的从企业角度出发,定义为企业的一种能力;有的从国家角度出发,定义为提高居民收入和生活水平的能力;有的从国际贸易角度出发,定义为一种比较优势或出口份额及其增长,有的从过程角度出发定义为创新能力;有的从效率角度出发,定义为生产率(生产力)。由于竞争力理论在经济学领域发展最为成熟,因此对竞争力的解释和定义大多是从经济学的角度。如竞争力之父美国哈佛大学迈克尔·波特于1980—1990年相继出版《竞争战略》(*Competitive Strategy*)、《竞争优势》、《全球产业中的竞争》(*Competition in Global Industries*)和《国家竞争优势》四部著作,由此构建起其竞争力体系,认为国家经济实力即该国获得高水平生产力及持续提高生产力的能力。欧盟将竞争力归结于三个因素:层次(宏观经济、工业、部门和企业)、要素(劳动力、资本等)以及政策(支持创新、投资、产业、积累或再分配等)。在国内较早提及"竞争力"概念的是经济学

---

① 黄茂兴.竞争力理论的百年流变及其在当代的拓展研究[M].北京:中国社会科学出版社,2017:3.
② Arthur Francis, P.K.M. Tharakan. The Competitiveness of European Industry [M]. London and New York: Routledge, 1989.
③ Arthur Francis, P.K.M. Tharakan. The Competitiveness of European Industry [M]. London and New York: Routledge, 1989: 210.

家樊纲,他在 1998 年从经济学角度提出竞争力是一国商品在国际市场上所处的地位。[①] 此后,刘峥和倪鹏飞通过综合学者们对"竞争力"的观点,指出竞争力是一种主体见之客体对象,与竞争对手在某一竞争中所形成的一种静态能力的动态过程呈现。[②] 通过对"竞争力"一词的不同解释,可以看出,无论从哪一角度出发,竞争力都能被视为竞争主体在某一方面的优势,体现竞争主体之间的抗衡和不同的竞争能力。

综合来看,各种关于竞争力的定义离不开"竞争主体""竞争范围""竞争能力"等核心内容。国内外很多学者如 Attila Chikán[③]、Labas Istvan[④]、张金昌[⑤]、黄茂兴[⑥]等都有相似的阐述,因此,我们可以从这些解释中提炼出竞争力所包含的几层含义:第一,从竞争主体角度出发,竞争力是指某个竞争主体的竞争能力,其表现本身的基础、能力或素质;第二,有比较才有竞争,从比较的角度来说,一个竞争主体相对于另一个主体所具有的优势,就是其竞争力的体现;第三,从竞争的结果来看,竞争力需要服务于竞争主体,最终满足竞争目的,具备取得某种收益或某种利益的能力。综合以上分析,竞争力的定义应该包括了基础能力、比较优势和获益可能三个方面,竞争力意味着存在出众的能力和取得胜利或成功的可能性。

鉴于此,本书所指的竞争力指的是"竞争主体在竞争范围内所表现出的在基础能力、比较优势和获益可能方面的一种综合能力",静态上反映竞争主体之间的差距,动态上体现竞争过程中的竞争行为。

二、高等教育竞争力

本书的核心概念"高等教育竞争力"限定了从教育视角研究竞争力,鉴于

① 樊纲.论竞争力:关于科技进步与经济效益关系的思考[J].管理世界,1998(03):10-15.
② 刘峥,倪鹏飞.中国城市教育竞争力发展研究:以 30 个样本城市为例.现代教育管理,2013(02):29-36.
③ Attila Chikán. National and Firm Competitiveness: A General Research Model [J]. Competitiveness Review: An International Business Journal, 2008, 18(1/2): 20-28.
④ Labas Istvan, Darabos Eva, Nagy Tunde Orsolya. Competitiveness-Higher Education [J]. Studia Universitatis Vasile Goldiş Arad, Seria Ştiinţe Economice, 2016, 26(1): 11-25.
⑤ 张金昌.国际竞争力评价的理论与方法[M].北京:经济科学出版社,2002.
⑥ 黄茂兴.竞争力理论的百年流变及其在当代的拓展研究[M].北京:中国社会科学出版社,2017.

教育领域的"竞争"性质和表现形式与经济、政治、科技等领域的本质和内涵不同，而教育问题的复杂性使得"教育竞争力"的测量、评估受到许多因素和变量的影响，因此"教育竞争力"的定义必然是多维度的。可以说，高等教育的竞争力不是一个独立的概念，而是一个国家或地区竞争力的重要组成部分。没有具有竞争力的高等教育，就没有具有竞争力的国家。高等教育竞争力对国家竞争力或区域竞争力形成的重要性，在国际和国内学界竞争力研究的理论阐释和指标设计中都得到了充分的体现。高等教育竞争力作为对国家竞争力研究的延伸，也逐渐从国家竞争力的研究中分化出来，成为独立的研究体系，形成了国际教育竞争力研究、高等教育竞争力研究、区域教育竞争力研究的新领域。

　　本书从世界经济论坛关于竞争力的释义和解读出发，认为高等教育竞争力是"国家/区域综合实力的重要组成和支撑，是当前教育制度反映出来的国家/区域在人才培养、知识创新、社会服务等方面具备的相对优势和通过以上一系列行动所形成的在竞争中制胜的能力和潜力"。从这一概念中可以看出，国家/区域高等教育竞争力具有三个重要内涵，一是体现本国或本地区高等教育的发展水平，二是展现本国或区域高等教育动态发展的速度和势头，三是预示未来高等教育发展的潜力和获得竞争优势的可能性。

三、省域高等教育竞争力

　　关于"省域"的界定源于"区域"的界定。本书遵循行政划分来界定区域，将区域选择确定为中国各级省、自治区和直辖市。2009 年，中国从行政上划分为 34 个省级行政区划单位。由于我国香港、澳门特别行政区和台湾省在政治制度、经济发展、教育状况等与我国其他省区有很大不同，同时考虑指标变量数据难以获取等问题，本书将区域界定为除我国香港、澳门、台湾以外的 31 个省级行政地区。因而在研究过程中直接用省域高等教育竞争力代替区域高等教育竞争力。

　　本书的研究对象为省域高等教育竞争力，即各省（直辖市、自治区）在人才培养、知识创新、社会服务等方面具备的相对优势和在国家高等教育竞争中获得更大发展的能力和潜力。

第二节　指标体系的构建

任何一项综合评价的具体思路,大致可以分为熟悉评价对象、评价指标筛选与确定、确立评价指标体系、数据采集、选择评价方法、开展评价并给出评价结果等几个环节,其中确立评价指标体系是综合评价的关键环节。如何构建一个科学合理的评价指标体系,是中国省域高等教育竞争力评价的基础和关键。

一、指标体系构建的原则

在综合评价体系中,指标体系的设计是最为基础和核心的部分。构建一套科学的综合评价指标体系,是进行科学有效评价的前提。[①] 指标体系明确了评价要考虑的范围和应当关注的因素,一个科学合理的评价指标体系可以确保评价过程紧密关联于所要评价的对象。指标体系的设计应当涵盖被评价对象的多个维度和特征,以确保评价结果全面反映实际情况,这种综合性能够避免因过于狭隘或单一的评价指标而导致评价结果失真,确保评价结果更加客观和准确。现实实践中,由于事物本身的复杂性和评价目的的多样性,评价指标体系的构建往往需要经过深入的分析和论证,这可能涉及专家意见的征求、数据收集和整理、统计分析等多个环节。在此过程中,需要权衡各个因素,确保所选取的指标能够全面、准确地反映被评价对象的特征和表现。因此,在构建评价指标体系时,需要综合考虑多个因素,包括评价的目标、所涉问题与对象、评价数据的来源以及评价的时间范围（即评价事件或行为具体发生的时间窗口）等。[②] 此外,评价指标体系也需要具备灵活性和适应性,因为事物本身可能随着时间和环境的变化而发展演变。评价指标体系应能够随时进行调整和更新,以保持其有效性和可用性。

大量的教育研究已经发现指标体系具有多重特点,一般而言,指标的确定

---

① 彭张林,张爱萍,王素凤,等.综合评价指标体系的设计原则与构建流程[J].科研管理,2017(S1)：209-215.

② 彭张林,张爱萍,王素凤,等.综合评价指标体系的设计原则与构建流程[J].科研管理,2017(S1)：209-215.

性、普及性、可计量性和可获得性四个属性是一个合理的指标体系的"四大支柱"，每一种特点都对指标发挥着重要的支撑作用，任何特性被削弱都会影响指标的可信性、有效性和可靠性。第一，确定性。指标是对社会经济事物的客观反映和表象，因而指标必须反映各种变量中的确定因素；第二，普遍性。指标应当形成普遍共识，只有反映和揭示事物普遍性的指标才能有可比性；第三，可计量性。计量性是数据的重要特点，一个指标的价值表现为数量，对于指标内涵与范围必须有一种非常清晰和准确的计量及说明，在计量过程中重要和必要的定性指标也需要通过"数量化"转化为可测量的指标；第四，可获得性。这是指数据通过查找、问卷、调研等方法可以获得。可获得性是指标体系建立的基础，没有可获得数据支撑的指标，建立优质的指标体系便无从谈起。①②③④⑤

就本书而言，最需要说明的是关于指标数据的"可获得性"问题。如前所述，评价指标的可获得性是评价体系设计和实施中的一个重要考虑因素，有些指标可能在理论上非常重要，但由于数据获取难度或其他限制，可能难以在实际评价中得到充分体现。这种情况可能对评价的准确性和全面性产生影响，因此需要在指标选择和设计中进行平衡和权衡。比如本书的指标体系在最初设计时，希望在高等教育服务地方发展的部分呈现更多信息，因此在第一轮设计时设置了"理工科毕业人数""工科研究生（硕士、博士）毕业生数""高校毕业生本地就业率""高校就业人口占本地区就业人口比例"四个指标——前两个指标反映理工人才，尤其是高层次人才的供给情况，后两个指标比较各省培养的人才留在本省、服务当地发展的现状。这四个指标不仅是非常重要的指标，而且我们认为对于"服务地方"这个并不容易量化的维度有着较强的解释力，同时可以进行操作化测量。然而，经过各种途径收集数据，很难获得这四个指标的准确统计数据，故只能将其剔除。

① James N. Johnstone. Indicators of Education Systems [M]. Paris, France: Publications Officer, International Institute for Educational Planning, 1981.
② Kathryn A. Riley, Desmond L. Nuttall. Measuring Quality: Education Indicators United Kingdom and International Perspectives [M]. Routledge, 2017.
③ David Rutkowski. Towards An Understanding of Educational Indicators [J]. Policy Futures In Education, 2008, 6(4): 470-481.
④ 邬志辉.教育指标：概念的争议[J].东北师大学报(哲学社会科学版),2007(04): 119-125.
⑤ 高书国.教育指标体系：大数据时代的战略工具[M].北京：北京师范大学出版社,2015.

一般情况下,在无法获得某个重要指标的情况下,解决的方式之一是考虑使用相关度较高的替代指标,虽然替代指标可能无法完全代表原始指标,但在数据可获得性方面更具可行性。例如,就本研究问题而言,已有文献的常见统计指标有"高等教育毛入学率",这是反映高等教育规模的基础性指标。《中国教育统计年鉴》中公布的"高等教育毛入学率"的分子和分母的统计口径分别为"高等教育在学总规模"和"18～22岁年龄组人口数",计算公式为:高等教育毛入学率(%)=高等教育在学总规模/18～22岁年龄组人口数×100%。由于每个省(自治区、直辖市)招生的生源来自本省和其他各省(自治区、直辖市),使得在计算省(自治区、直辖市)级高等教育毛入学率时,数据的采集比较复杂,因此这一指标只适用于国家级计算。[①] 故考虑数据的可获得性,本书使用了"在学规模和各省常住人口比例"来代替"高等教育毛入学率"这一指标。

二、指标体系构建的依据

指标体系是由多个相互联系、相互作用的评价指标,按照一定的层次结构组成的有机整体。在对高等教育竞争力进行评价时,指标的选择和指标的数量、质量具有举足轻重的作用。

为了保证本书中省域高等教育竞争力评价指标体系的科学性和准确性,我们遵循教育指标的基本原则,基于对理论、概念、文献和经验的掌握和思考,构建起相应的指标体系。

此外,根据本课题的研究需要,尽可能选择通俗常用的教育测评指标构建我国省域高等教育竞争力评价指标体系,可读易懂,让政府、高校、社会机构、学生及教师等高等教育的参与主体能够理解和认同。同时,尽可能选择在教育领域和社会领域认同度较高、影响力较大的评价指标,提高、扩大高等教育竞争力指标体系的权威性和社会基础。

(一)理论支撑

为了应对日益激烈的全球化竞争,实现国家的可持续发展,世界许多国家

---

① 教育部.关于高等教育毛入学率统计口径的问题[EB/OL]. http://www.moe.gov.cn/jyb_hygq/hygq_zczx/moe_1346/moe_1348/201909/t20190929_401597.html,2019－09－29.

越来越重视国家竞争力研究和营造国家整体竞争优势,产生了若干国家竞争力的评价模式,其中最具代表性的有波特的钻石模型以及世界经济论坛和国际管理发展学院的评价体系。这些研究对国家竞争力的理论阐释说明,国家竞争力应该是在一定的体制下,一国的社会形态、文化传统、教育规模与质量、科研实力、创新能力、人才资源等多种因素在国际竞争中相互结合而展现出来的一种综合性的国家实力。[①] 随着对国家竞争力研究的不断深入,涌现了各种类型的竞争力研究,如区域竞争力、城市竞争力、产业竞争力、教育竞争力等。国家竞争力理论将科技和教育视为新的经济时代中决定国家竞争力的核心要件,教育竞争力作为国家竞争力研究的延伸,逐渐从国家竞争力的研究中分化出来。在这些竞争力理论的支撑下,借鉴世界经济论坛的观点——国家竞争力体现在经济体的升级中,从要素驱动到效率驱动,最终实现创新驱动,竞争力的来源在于对每一阶段要素的把握完成转型和升级,本书也建立起高等教育竞争力"基础—优质—创新"的升级框架。

(二) 概念推论

结合上述关于高等教育竞争力内涵的定义,可以进行推论,认为高等教育竞争力的发展是由基础性竞争力向优异性竞争力再向潜力性竞争力升级的过程。同时高等教育竞争力的三位一体系统也相互关联,单一系统的高水平并不能代表高等教育具有高竞争力,具体而言:

基础性竞争力:体现高等教育的现有发展水平,是高等教育竞争力的基础。主要以高等教育已有投入和现有条件为表征,包括高校基本条件、师资配备情况和教育经费投入三项子指标。

优异性竞争力:展现高等教育动态发展的优势和质量。以高水平为驱动,重视人才培养、优质教育和品牌影响,支持高等教育竞争力的持续发展和成长,包括人才效益、优质高等教育、国际化三项子指标。

潜力性竞争力:这是更为高水平的竞争力,展现高等教育发展的潜力和获得更多竞争优势的可能性。核心在于高等教育对科技、知识创新和促进地方发展的贡献和作用,具体来说包括研发创新和服务地方两项子指标。

---

① 赵宏斌.教育竞争力是国家竞争力的基石[J].教育科学,2008(04):7-10.

（三）文献归纳

通过梳理文献可知,国内外学者分别从不同角度建立了高等教育竞争力评价的指标体系,形成了较为完整的评价性研究成果,但是各家之言尚未达成共识。

大部分研究是参考国际上有关国家竞争力领域已经较为成熟的理论和方法,进一步聚焦到区域和高等教育领域,从而形成关于区域之间高等教育竞争力的相关概念、指标体系,实现高等教育竞争力的区域比较。这些成果和研究思路是本书可以借鉴的基础。

提升评价的科学性,需要加强理论研究,深化对高等教育竞争力内涵和形成机理的认识。当前对于区域高等教育竞争力的研究也存在一些不足,主要体现在对高等教育竞争力的评价偏重基础性指标,一定程度上忽视了从发展的视角进行评价。本书认为,区域高等教育的竞争力不仅体现在硬件优势上,区域之间高等教育的竞争优势和其长期发展潜力也至关重要,故构建起反映基础条件的"基础性指标"、反映竞争优势的"优异性指标"和反映发展潜力的"潜力性指标"三级指标体系,一定程度上可以对已有研究进行补充,更好地体现评价的系统和动态性。

因此,在广泛查找、深入研究国内外关于教育竞争力和高等教育竞争力文献的基础上,本书通过对重点文献的指标体系进行系统分析和梳理,归纳选取出现频率较高的指标。有些指标虽然出现频率很高,但由于本书对高等教育竞争力的理解更加注重优质高等教育和发展潜力,故有选择地保留高频指标,对一些文献中的常见指标,尤其是对难以"数据化"的定性指标进行了剔除。

（四）经验基础

构建指标体系需要做到理论和实际相结合。本书基于国际、国家和地方高等教育竞争力的发展实际设定了相应指标。

第一,评价标准要体现国际先进水平。我国高等教育竞争力是个不断发展、走向高水平的过程,评价我国和地区的高等教育竞争力水平,首先需要体现对国际社会尤其是发达国家较高水平竞争力的看齐和追赶,体现对追求国际一流高等教育水平目标的引导作用。

第二,评价标准要从国情和经济社会发展需要出发。我国经济社会文化发展模式不同于西方国家,评价我国高等教育的竞争力要反映我国本土的发展诉求,同时体现所面临信息时代、知识社会、经济全球化等崭新时代环境的特殊制约。经过多年的改革与发展,中国正从传统意义上的数量型"人口红利"向质量型"人力资源红利"阶段过渡。在经济发展新常态的攻坚时期,我国经济既要保持中高速增长又要向中高端水平迈进,加快转变经济发展方式和走新型工业化道路的总体要求,无不凸显高等教育必须承担的责任。高等教育要在提高人才资源水平,促进人力资本增值,推进创新驱动经济方面发挥重要基础性、关键性作用。[①] 因此,优质高等教育应当作为本研究重要的评价标准。

　　第三,评价我国省域高等教育竞争力,要看到区域之间的异同。要实现分区域、分层次推进,还要注意各地区的均衡协调、综合进步,不排斥区域特色,但更多应当体现区域的可比较性。因此一些常用教育指标由于在区域之间差异过大(如部属高校)故而不选用。

三、指标体系的建立

　　根据上述评价指标建立的原则和依据,本书构建出一套由 3 个一级指标、8 个二级指标、53 个三级指标构成的中国省域高等教育竞争力评价指标体系,如表 2-1 所示。指标的数据来源均来自《中国教育统计年鉴》《中国教育经费统计年鉴》《高等学校科技统计资料汇编》等国内权威统计资料,以及教育部网站、国家统计局网站、各高校官网等官方门户网站。指标本身具有可比性和可操作性,指标数据可靠、准确、可信。

表 2-1　中国省域高等教育竞争力指标体系

一级指标	二级指标	三　级　指　标
基础性指标	基本条件	普通高等学校数量
		可培养研究生机构数量
		在学规模和各省常住人口比例

[①] 史静寰,叶之红,胡建华等.走向 2030:中国高等教育现代化建设之路[J].中国高教研究,2017(05):1-14.

续　表

一级指标	二级指标	三　级　指　标
基础性 指标	基本条件	高等学校本科生数
		高等学校硕士生数
		高等学校博士生数
		生均校舍/占地面积
		生均普通图书数量
		生均教学和实验设备价值
	师资配备	普通高校专任教师数量
		普通高等学校博士学历专任教师占比
		副高级职称的专任教师占比
		高级职称的专任教师占比
		高校平均师生比
	教育经费	高等教育经费总额
		高校国家财政性教育经费收入
		高等教育经费投入占地区生产总值的比例
		高等教育经费占区域教育经费比例
		高校社会捐赠
		高等教育生均经费支出
		区域生均高等教育经费与全国生均高等教育经费比
优异性 指标	人才效益	毕业硕士生人数
		毕业博士生人数
	优质高等 教育	一流大学建设高校数量
		一流学科建设学科数量

一级指标	二级指标	三　级　指　标
优异性 指标	优质高等 教育	硕士和博士学位点数量
		博士后流动站数量
		两院院士数量
		杰青和优青教师数量
		软科世界大学学术排名全球 500 强高校占比
		ESI 前 1‰学科数
		ESI 前 1%学科数
		ESI 论文总数
		ESI 论文总被引次数
		国家三大科技奖数量
	国际化	留学生人数
		国际合作项目(合作办学等)数量
		国际科研合作论文比例
潜力性 指标	研发创新	国家实验室、重点实验室数量
		国家工程技术研究中心数量
		各地区 R&D 经费
		高校科研经费
		高校 R&D 课题数量
		国家自然科学基金资助项目数量
		国家社会科学基金资助项目数量
	服务地方	劳动年龄人口受过高等教育人口的比例
		高新技术产业数量

续　表

一级指标	二级指标	三　级　指　标
潜力性 指标	服务地方	博士后工作站数量
		高校企业合作论文数量
		发明专利授权数
		PCT 国际专利申请数
		技术转让收入总额
		到校的横向课题经费数(含技术开发、技术服务咨询等到校经费)

四、指标体系的解释

在基础性指标、优异性指标、潜力性指标三个一级指标中,基础性指标反映各省高等教育的基本条件,优异性指标主要显示各省高等教育发展的效益和高层次高等教育,潜力性指标体现各省高等教育发展的潜力和可能性。这三个部分相对独立,又相互联系密切,共同形成一个完整的高等教育竞争力综合评价指标体系。其中基础性指标包含基本条件、师资配备、教育经费三个二级指标,优异性指标包含人才效益、优质高等教育、国际化三个二级指标,潜力性指标包含研发创新、服务地方两个二级指标。

（一）基础性指标

高等教育竞争力指标体系的首个一级指标是"基础性指标",这一指标主要展现各省的高等教育系统所具备的基本条件和资源情况,从而反映该地区高等教育基础性实力。基础性指标涵盖了多个方面,包括"基本条件""师资配备""教育经费"三个分指标。具体而言,"基本条件"由高等教育院校和学生规模、高校的硬件资源和基础设施等相关指标构成,反映高等教育系统的规模;"师资配备"由教师人数、学历比例、高级职称比例、生师比例等相关指标构成,反映高等教育机构提供的教学和科研的人才支持;"教育经费"指标主要用于衡量各省在高等教育领域的投入和支出情况,包括高等教育经费、高校的经费收入、教育经费占比以及其他来源的教育经费等相关指标,可以有效反映本地区高等教育体系的资源配置和发展水平,以及地方政府和社会对高等教育在经济上的重视和支持程度,直观呈现高等教育发展与本地经济社会发展之间的关系。

（二）优异性指标

构建高质量高等教育体系的第一要义是"高质量",在本身已具备的基础条件之外,体现高等教育发展的高层次和高质量的指标是评估高等教育竞争力的关键。习近平总书记在考察清华大学时指出,"一个国家的高等教育体系需要有一流大学群体的有力支撑,一流大学群体的水平和质量决定了高等教育体系的水平和质量"[1],高层次人才培养和高水平开放决定着创新发展的高度[2]。因此,本书将优异性指标作为第二项一级指标,以反映各省优质高等教育和高层次人才培养情况,主要包括"人才效益""优质高等教育""国际化"三个分指标。具体来说,"人才效益"主要测量硕士、博士等高层次人才的规模,体现高等教育对国家和地方人才梯队的贡献;"优质高等教育"重在测量各省知名高校和学科的建设情况,包括中央直属高校、"双一流"建设高校以及基于大学和学科排名所认定的头部学校,这些学校通常在学科排名、科研成果、师资力量等方面具有较高水平,通过设置相关子指标观测各省份优质高等教育资源的分布情况;"国际化"指标有助于反映各省份高等教育机构在国际合作与交流方面的表现,通过留学生人数、国际学术合作等指标衡量各省高等教育的国际影响力。

（三）潜力性指标

高等教育作为社会进步和经济发展的关键因素,其竞争力还体现在未来的发展潜力上。通过加强高等教育与地方政府、产业界和社会的合作,可以最大程度发挥高等教育在促进创新、提供社会服务、传承文化等方面具有的多重潜力,推动地方的可持续发展。因此,在高等教育竞争力的潜力性指标的设置中主要考虑研发创新和服务地方的潜力。高等教育的文化功能也十分重要,但难以确定和获取可操作化的数据,故只设置"研发创新"和"服务地方"两个

① 习近平.论教育[M].北京:中央文献出版社,2024:211.
② 马陆亭.做强高等教育　发力创新人才培养[N].中国教育报,2022-09-29(02).

分指标。高等教育"研发创新"的指标是衡量高等教育机构在科学研究、技术创新以及知识产出方面的表现和质量,研发经费投入、研究论文产出、研究机构的规模和质量都是设置三级指标重要的维度,这些指标可以帮助高等教育机构评估其研发创新绩效,并促使其更好地发挥在科学研究和技术创新方面的作用,推动地区的社会进步和经济发展;在"服务地方"的指标设置上主要考虑就业情况、高校和企业的相关合作、科技成果转化和商业化能力几个方面,以衡量各省高等教育机构是否能够为当地社会和经济发展提供有价值的服务。

第三章
中国省域高等教育竞争力评价

本章以 2019 年至 2021 年全国 31 个省、自治区、直辖市高等教育发展的相关数据为评价对象,基于已构建的中国省域高等教育竞争力指标体系,计算得到各省高等教育基础性、优异性和潜力性三方面竞争力指数,最终得出各省高等教育竞争力综合指数,通过聚类结果观测我国省域高等教育的聚类特征,得到省域高等教育竞争力综合评估结果。

第一节　省域高等教育竞争力指数编制

高等教育竞争力指数是由多个单项教育指标构成的综合指数,设计该指数是一项复杂而重要的任务,需要考虑到指数的用途、合适的指标以及数据可得性等因素。关于高等教育竞争力的多目标综合评价,目前,国内外还没有公认的统一体系和方法。国际上具有一定影响力且被普遍认可的是联合国教科文组织(UNESCO)提出的全民教育发展指数的多目标综合评价方法。

UNESCO 设计了由 4 个指标构成的全民教育发展指数,这 4 个指标分别是:初等教育净入学率、成人识字率、教育性别平等指数、小学 5 年级保留率。每一个指标的权重相等,都为四分之一。国家的教育发展指数是四个组成部分的算术平均值,即教育发展指数＝1/4(初等教育净入学率＋成人识字率＋教育性别平等指数＋小学 5 年级保留率),指数的数值越大表示教育发展水平越高。(具体内容参见绪论部分)

全民教育发展指数对于本书的指标体系设计具有启发意义。首先,明确指数的用途至关重要。在 UNESCO 的例子中,教育发展指数的目的是监测教育目标的实现程度。因此,选择的指标应当能够反映这些目标的实现情况。其次,综合指数的构建需要考虑数据可得性的限制。在一些情况下,可能存在数据缺乏或不完整的情况,这就需要在保持指数的可靠性和有效性的前提下进行权衡和调整。在数据不可得的情况下,可以考虑通过调整某些指标或使用替代指标来弥补这一缺失。但在这个过程中,必须确保选择的替代指标能够尽可能地反映原始目标,以减少对指数整体准确性的影响。例如,虽然小学五年级学生的保留率并不是一个直接反映教育质量的理想指标,但在缺乏其他更直接的数据时,它可以被用作一个近似指标反映教育系统的稳定性和效率。

本书在充分吸收和借鉴上述在国际上具有一定影响的综合评价方法指数的基础上,结合我国高等教育发展实际,制定了高等教育竞争力指数编制的方法。高等教育竞争力指数编制包括如下三大步骤:

一、观测指标数据无量纲化

无量纲化,也称为数据的标准化、规范化,是指不同指标之间由于量纲不同导致的不具有可比性,所以需要通过数据变换来消除原始变量量纲影响的方法。在统计学上,无量纲化的方法有多种,包括标准化法(Z 分数)、极值法、初值化法等,采用哪种方法需要考虑数据参照的标准以及数据的波动程度。

高等教育竞争力指数共包含 3 个一级指标、8 个二级指标,53 个观测指标。各指标之间因为量级、单位、数据性质存在差异,在计算指标之前需要进行无量纲化处理。根据高等教育竞争力指标体系构建和数据收集的特性,本书使用极值法对观测点数值进行标准化处理。根据高等教育竞争力指数评价的目标取向,观测指标具有数值越大越优的性质,即全部为正向指标。

正向指标数据极值法公式为:$S_{ij} = [X_{ij} - min(X_j)]/[max(X_j) - min(X_j)]$

在公式中,X_{ij} 表示 i 省在 j 项观测指标的统计数据;$max(X_j)$ 和 $min(X_j)$

分别表示 31 个省、自治区、直辖市在第 j 项指标的最大值和最小值；S_{ij} 表示极值处理后 i 省在 j 项观测指标的标准数据。该标准化处理方法的优点为：经过极差变换之后，标准化后的评价指标数值满足 $0 \leqslant S_{ij} \leqslant 1$。评价指标均为数值越大越优。

二、标准化数据百分制转化

对观测指标标准化转换的数值进行百分制转化：$Z_{ij} = S_{ij} \times 100\%$。

经过百分制转换后，某年某地区某观测指标无量纲化后的数值在 0～100 之间。

三、计算高等教育竞争力指数

首先，根据每个观测指标百分制转化后的数值，通过算术平均数计算基本条件、师资配备、教育经费、人才效益、优质高等教育、国际化、研发创新、服务地方等 8 个二级指标的指数得分。

其次，计算基础性、优异性、潜力性等三个一级指标的指数得分，公式如下：

基础性指数＝1/3（基本条件指数＋师资配备指数＋教育经费指数）

优异性指数＝1/3（人才效益指数＋优质高等教育指数＋国际化指数）

潜力性指数＝1/2（研发创新指数＋服务地方指数）

最后，计算高等教育竞争力指数得分，公式如下：

高等教育竞争力指数＝1/3（基础性指数＋优异性指数＋潜力性指数）

通过算术平均数得出高等教育竞争力各级各层指数结果，指数数值越大表示该地区高等教育竞争力越强。

第二节　省域各级指标评价得分

通过对原始数据进行无量纲化处理，得到各省 2019—2021 三年间高等教育竞争力评价二级指标得分表，如表 3-1，表 3-2，表 3-3 所示。

表 3-1　2019 年中国省域高等教育竞争力二级指标得分

	基 础 性			优 异 性			潜 力 性	
	基本条件	师资配备	教育经费	人才效益	优质高等教育	国际化	研发创新	服务地方
北京	76.55	76.88	98.96	100.00	100.00	94.56	90.14	77.03
天津	30.82	38.05	32.64	15.69	17.52	42.55	16.47	18.01
河北	33.08	43.35	13.46	9.81	5.02	3.95	12.18	12.31
山西	17.71	16.75	13.88	7.19	6.38	19.45	6.70	10.88
内蒙古	24.29	40.85	13.18	4.35	2.27	10.73	3.82	6.99
辽宁	37.67	42.68	24.14	26.48	19.34	37.85	18.96	21.60
吉林	24.42	35.53	24.56	16.58	12.06	21.22	12.13	9.02
黑龙江	32.21	43.60	25.28	17.42	15.12	22.79	14.59	14.44
上海	43.34	52.47	59.29	42.31	47.69	81.74	60.19	35.49
江苏	57.45	65.49	44.23	43.63	51.90	73.41	70.32	68.47
浙江	45.49	50.08	35.29	17.82	21.61	66.02	43.77	31.59
安徽	35.20	28.50	15.93	15.12	14.84	35.37	17.60	13.75
福建	29.72	40.71	21.50	10.57	11.45	55.07	20.64	10.11
江西	38.91	33.13	14.42	7.17	5.97	14.82	12.59	7.68
山东	49.72	53.62	23.21	21.69	21.59	29.77	37.28	34.89
河南	43.34	41.93	16.05	10.99	9.96	14.55	16.63	14.33
湖北	46.37	48.77	33.66	34.05	30.72	61.29	45.55	25.83
湖南	36.25	39.92	18.06	17.71	21.79	32.44	27.23	15.27
广东	43.88	46.82	48.43	26.32	30.43	62.31	68.63	53.69
广西	26.07	25.92	14.92	6.59	3.71	27.19	6.57	4.08
海南	15.78	26.54	12.87	0.78	1.48	19.16	1.54	3.12

	基 础 性			优 异 性			潜 力 性	
	基本条件	师资配备	教育经费	人才效益	优质高等教育	国际化	研发创新	服务地方
重庆	26.99	30.63	18.54	13.08	10.51	28.81	19.28	19.15
四川	36.54	34.03	23.47	23.83	20.34	42.46	27.90	29.20
贵州	26.17	38.56	14.31	3.53	2.24	16.42	5.92	4.51
云南	19.71	22.59	7.59	7.63	4.82	43.83	7.38	8.26
西藏	17.46	28.94	35.33	0.00	0.36	9.50	0.02	1.46
陕西	44.31	45.60	34.83	27.70	22.06	28.81	32.27	23.32
甘肃	21.59	38.77	20.82	7.97	7.11	19.77	6.27	5.64
青海	22.05	41.81	25.60	0.48	0.77	8.03	0.66	2.84
宁夏	16.99	33.15	14.90	1.05	0.82	2.54	1.74	4.76
新疆	23.69	18.73	12.51	4.49	3.68	15.05	2.74	16.69

表 3 - 2　2020 年中国省域高等教育竞争力二级指标得分

	基 础 性			优 异 性			潜 力 性	
	基本条件	师资配备	教育经费	人才效益	优质高等教育	国际化	研发创新	服务地方
北京	76.78	75.95	94.41	100.00	100.00	97.03	89.92	82.17
天津	31.98	38.28	34.03	16.75	19.36	36.59	16.61	21.08
河北	35.07	41.75	17.53	10.24	5.82	2.66	12.04	13.22
山西	17.82	19.03	11.14	7.83	7.06	15.63	6.49	11.93
内蒙古	26.15	38.80	14.54	4.46	2.55	2.73	3.95	5.63
辽宁	39.05	41.00	24.43	26.82	19.21	27.69	19.19	22.97
吉林	25.57	36.06	22.92	17.44	11.65	18.16	11.80	10.85

续　表

	基 础 性			优 异 性			潜 力 性	
	基本条件	师资配备	教育经费	人才效益	优质高等教育	国际化	研发创新	服务地方
黑龙江	33.67	41.04	27.64	17.23	16.27	18.25	15.11	13.49
上海	44.54	51.28	60.78	43.15	51.74	73.12	62.86	39.80
江苏	59.81	63.73	41.88	44.28	51.38	66.70	77.26	71.44
浙江	48.28	48.30	34.17	17.88	25.45	54.20	43.31	37.78
安徽	36.32	28.74	16.86	13.69	15.36	29.92	18.02	14.67
福建	31.73	40.25	18.65	11.10	12.27	35.71	21.59	11.75
江西	39.91	32.89	13.51	8.35	5.88	9.65	12.94	12.39
山东	52.86	54.69	24.46	22.91	25.83	22.54	36.92	41.04
河南	45.87	43.95	16.33	10.34	11.87	13.08	17.34	15.38
湖北	47.13	47.58	34.11	35.57	32.98	53.22	43.27	26.68
湖南	37.88	39.10	17.60	18.59	20.56	26.84	29.29	20.47
广东	46.04	46.97	53.81	28.26	34.69	56.24	68.90	55.72
广西	28.81	26.32	17.27	6.92	4.07	16.53	6.75	4.41
海南	17.20	27.85	24.50	0.98	1.58	14.28	2.34	3.24
重庆	28.87	32.21	17.94	13.58	13.34	21.26	19.06	17.81
四川	38.10	34.95	26.26	24.79	21.59	32.80	28.63	28.87
贵州	27.88	35.69	11.48	4.03	2.39	8.83	5.35	5.40
云南	21.75	21.03	10.31	8.20	5.15	31.22	7.27	7.36
西藏	19.16	26.91	41.14	0.02	0.40	10.52	0.00	0.21
陕西	46.94	45.42	36.71	28.09	26.12	23.87	39.68	29.74
甘肃	23.89	37.29	19.06	8.20	7.36	12.30	5.86	6.28

续 表

	基 础 性			优 异 性			潜 力 性	
	基本条件	师资配备	教育经费	人才效益	优质高等教育	国际化	研发创新	服务地方
青海	22.86	37.45	22.56	0.59	0.83	3.03	0.68	4.00
宁夏	17.70	31.75	13.82	0.99	0.91	1.37	1.65	3.86
新疆	22.57	14.71	14.34	4.68	4.12	6.37	3.12	17.54

表 3-3 2021 年中国省域高等教育竞争力二级指标得分

	基 础 性			优 异 性			潜 力 性	
	基本条件	师资配备	教育经费	人才效益	优质高等教育	国际化	研发创新	服务地方
北京	87.61	96.32	98.14	100.00	100.00	94.08	95.09	74.29
天津	39.30	40.96	30.99	16.06	20.29	29.83	17.42	14.99
河北	35.32	38.56	17.07	10.89	5.76	2.11	11.97	14.49
山西	24.29	16.41	15.88	7.77	7.55	25.63	8.22	10.81
内蒙古	23.24	30.04	12.66	4.72	2.91	2.57	3.56	3.90
辽宁	46.78	47.15	26.81	27.44	18.89	18.11	19.34	22.11
吉林	31.86	43.93	24.42	17.13	12.31	18.27	11.61	9.17
黑龙江	38.89	44.93	32.99	16.84	14.97	14.96	13.68	16.38
上海	58.39	70.38	64.67	44.53	49.98	81.48	60.61	38.04
江苏	58.59	65.03	39.99	46.73	58.61	74.32	70.62	77.29
浙江	48.68	52.82	37.20	18.99	24.08	57.90	43.01	41.96
安徽	35.38	28.82	18.29	15.43	14.50	37.95	18.61	15.61
福建	35.68	44.56	21.98	11.62	13.76	47.32	22.29	14.05
江西	35.73	24.47	14.13	8.45	7.06	11.06	13.16	8.95

续　表

	基 础 性			优 异 性			潜 力 性	
	基本条件	师资配备	教育经费	人才效益	优质高等教育	国际化	研发创新	服务地方
山东	51.60	57.01	28.88	23.31	25.85	30.65	37.22	43.43
河南	36.84	33.54	17.73	10.76	13.02	17.45	17.96	17.61
湖北	52.49	58.64	35.30	34.06	33.49	46.84	46.43	33.25
湖南	36.54	34.45	16.61	19.44	21.22	30.52	28.72	22.72
广东	49.51	45.35	51.12	29.45	36.63	58.41	64.40	60.13
广西	29.79	22.93	18.43	7.24	5.21	16.89	7.75	5.91
海南	21.08	30.67	20.30	1.06	1.74	19.15	1.91	3.17
重庆	30.38	32.30	22.41	15.20	12.69	29.38	19.67	19.04
四川	41.86	30.27	27.54	25.55	22.05	37.92	29.43	34.00
贵州	22.08	34.96	14.51	4.29	2.73	13.19	6.18	6.18
云南	21.12	20.05	11.84	8.42	6.17	30.73	6.80	8.98
西藏	23.61	26.65	26.50	0.00	0.43	25.71	0.00	1.27
陕西	52.83	55.73	37.52	29.52	24.24	23.96	34.82	26.32
甘肃	23.51	40.05	17.66	8.42	8.82	18.19	5.99	5.71
青海	18.31	43.13	25.16	0.70	0.93	9.77	0.78	1.64
宁夏	18.81	33.64	16.47	1.23	1.12	1.26	1.57	0.71
新疆	17.96	5.80	12.72	4.64	4.62	4.46	2.63	16.76

一、子指数分数

通过对每年度各省二级指标得分求和,得出一级指标分数,转换为基础性、优异性、潜力性三项竞争力子指数,结果如表3-4所示。

表 3-4　中国省域高等教育一级指标指数(2019—2021)

	基础性指数			优异性指数			潜力性指数		
	2019	2020	2021	2019	2020	2021	2019	2020	2021
北京	84.13	82.38	94.02	98.19	99.01	98.03	83.59	86.04	84.69
天津	33.84	34.76	37.08	25.25	24.23	22.06	17.24	18.85	16.20
河北	29.96	31.45	30.31	6.26	6.24	6.25	12.24	12.63	13.23
山西	16.11	16.00	18.86	11.00	10.17	13.65	8.79	9.21	9.52
内蒙古	26.11	26.50	21.98	5.78	3.25	3.40	5.41	4.79	3.73
辽宁	34.83	34.83	40.25	27.89	24.58	21.48	20.28	21.08	20.73
吉林	28.17	28.18	33.41	16.62	15.75	15.90	10.57	11.32	10.39
黑龙江	33.70	34.12	38.94	18.44	17.25	15.59	14.52	14.30	15.03
上海	51.70	52.20	64.48	57.25	56.00	58.66	47.84	51.33	49.32
江苏	55.73	55.14	54.53	56.31	54.12	59.89	69.40	74.35	73.95
浙江	43.62	43.58	46.23	35.15	32.51	33.66	37.68	40.55	42.48
安徽	26.54	27.31	27.50	21.78	19.66	22.62	15.68	16.35	17.11
福建	30.64	30.21	34.08	25.70	19.70	24.23	15.37	16.67	18.17
江西	28.82	28.77	24.78	9.32	7.96	8.86	10.13	12.66	11.05
山东	42.18	44.00	45.83	24.35	23.76	26.60	36.08	38.98	40.32
河南	33.77	35.38	29.37	11.83	11.76	13.74	15.48	16.36	17.78
湖北	42.93	42.94	48.81	42.02	40.59	38.13	35.69	34.98	39.84
湖南	31.41	31.53	29.20	23.98	22.00	23.73	21.25	24.88	25.72
广东	46.38	48.94	48.66	39.69	39.73	41.50	61.16	62.31	62.27
广西	22.31	24.13	23.72	12.49	9.17	9.78	5.33	5.58	6.83
海南	18.40	23.19	24.02	7.14	5.61	7.32	2.33	2.79	2.54

续　表

	基础性指数			优异性指数			潜力性指数		
	2019	2020	2021	2019	2020	2021	2019	2020	2021
重庆	25.39	26.34	28.36	17.47	16.06	19.09	19.21	18.43	19.35
四川	31.34	33.10	33.22	28.87	26.40	28.51	28.55	28.75	31.71
贵州	26.35	25.02	23.85	7.39	5.08	6.74	5.21	5.38	6.18
云南	16.63	17.70	17.67	18.76	14.86	15.10	7.82	7.31	7.89
西藏	27.24	29.07	25.59	3.29	3.64	8.72	0.74	0.10	0.64
陕西	41.58	43.02	48.69	26.19	26.03	25.91	27.79	34.71	30.57
甘肃	27.06	26.75	27.07	11.62	9.29	11.81	5.96	6.07	5.85
青海	29.82	27.62	28.87	3.09	1.48	3.80	1.75	2.34	1.21
宁夏	21.68	21.09	22.97	1.47	1.09	1.20	3.25	2.75	1.14
新疆	18.31	17.21	12.16	7.74	5.06	4.57	9.72	10.33	9.69

就整体而言,2019—2021 年三年间各省高等教育竞争力一级指标子指数平均值分别为:基础性指数 33.12 分、33.63 分、34.98 分,优异性指数 22.66 分、21.03 分、22.27 分,潜力性指数 21.16 分、22.33 分、22.42 分。基础性指数从 2019 年的 33.19 分逐年增加到 2021 年的 34.98 分,这表明各省市在高等教育的基础设施、师资力量、经费投入等方面有着稳步改善。优异性指数在 2020 年有所下降,从 2019 年的 22.66 分下降到 2020 年的 21.03 分,2021 年有所回升,为 22.27 分,不过仍低于 2019 年分数。潜力性指数从 2019 年的 21.16 分增加到 2021 年的 22.42 分,这表明各省市高等教育发展潜力有所提升,然而,从增幅来看,2021 年小于 2020 年增幅,一定程度反映出高等教育在研发创新和服务地方的能力方面势头稍有放缓。

(一)基础性指数

从平均水平来看,2019—2021 年全国基础性指数平均值为 33.12、33.63、34.98,总体水平稳步提高。2019 年共有北京、江苏、上海、广东、浙江、湖北、山东、陕西、辽宁、天津、河南、黑龙江 12 省基础性指数超过全国平均水平。2020年超过全国平均值的省份除河南基础性指数下降明显,为 29.37 分,退出高于均值省份行列,其余 11 个高于均值的省份与 2019 年相同;低于全国均值的省份中,基础性指数上升和下降较为明显的省份是吉林和湖南,吉林从 28.17 分一路涨至 33.41 分,接近 2021 年均值,而湖南则呈相反趋势,由 31.41 分下滑至 29.2 分;相对于其他西部省份,西藏基础性指数较高,中部省份山西基础性指数表现较差,2019—2020 年连续两年全国最低,2021 年稍有提高。

从省市得分来看,北京在 2019 年到 2021 年基础性指数分别为 84.13、82.38、94.02,表现最为稳定且总体水平较高;上海在这三年中基础性指数有较大幅度增长,从 51.70 提升到 64.48;一些省份如辽宁、山东、陕西、湖北等,也呈现出较为稳定的增长趋势;也有部分地区出现不稳定情况,如河南、江西、青海等省份的基础性指数在三年间有所波动。不同地区的经济发展水平存在差异,经济相对较发达的地区在高等教育基础设施建设和教育资源配置上的投入更加持续和稳定,而一些经济欠发达地区则可能受限于资金和资源,难以实现稳定投入,其中新疆较有代表性,其基础性指数逐年下降,三年间从 18.31 降至 12.16,2021 年更是出现大幅下降。

（二）优异性指数

从平均水平来看,2019—2021 年全国优异性指数平均值为 22.66、21.03、22.27,整体水平不稳定,2020 年下降较为明显。2019 年共有北京、上海、江苏、湖北、广东、浙江、四川、辽宁、陕西、福建、天津、山东、湖南 13 省优异性指数超过全国平均水平。相比 2019 年,2020 年超过全国平均的省份减少一个,福建指数下降明显,从 25.7 分降至 19.7 分,跌落均值榜单。2021 年优异性指数变化较大,共有北京、江苏、上海、广东、湖北、浙江、四川、山东、陕西、福建、湖南、安徽 12 省优异性指数超过全国平均水平,江苏首次超过上海,成为仅次于北京优异性指数的省份。低于全国均值的省份中,优异性指数上升较为明显的省份是西藏,由 2019 年的 3.29 分逐步上升为 2020 年 3.64 分,到 2021 年骤增至 8.72 分,涨幅较大;优异性指数下降较为明显的省份有多个,云南从 2019 年的 18.76 分下降至 2020 年的 14.86 分,广西由 2019 年的 12.49 分下降至 2020 年的 9.17 分,新疆、内蒙古则呈现逐年下降的趋势。西部省份中云南优异性指数相对最高,宁夏三年指数都为全国最低,优质高等教育情况比较严峻。

2019—2021 年,各省高等教育国际化优异性指数浮动较大,这与新冠疫情全球流行有着紧密关系。疫情导致全球范围内封锁和限制,国际学生流动、国际学术交流、合作项目等受到了严重影响,影响了高校的国际合作项目的开展和成果产出,从而影响到优异性指数。得益于优质高等教育资源的集聚和政策支持,北京在优异性指数上一直处于领先地位,2020 年达到 99.01 的极高分数,三年分数都接近满分。其余省市中表现稳定的有上海、江苏、广东、湖北四个省,优异性指数在三年间有所波动,但总体水平较高,相对稳定。西部各省优异性指数不仅远低于东部地区,与中部地区相比也存在明显差异。黑龙江、吉林两省优异性指数整体下滑,吉林仅在 2021 年稍有上涨,但也仍低于 2019年,对比东部地区优异性指数整体上涨的趋势,一定程度说明优质高等教育区域差距加大。

(三)潜力性指数

从平均水平来看,2019—2021 年全国潜力性指数平均值为 21.16、22.33、22.42,整体来看逐年有所提升。2019 年共有北京、江苏、广东、上海、山东、湖北、四川、陕西、湖南 10 省潜力性指数超过全国平均水平,2020 年、2021 年变化不大,只有四川、陕西、湖南分值水平有所浮动,高于全国平均水平的省份仍为这十省。不过相对于基础性指数和优异性指数,上海在潜力性指数上表现逊色,落后于江苏和广东。低于全国均值的省份中,福建、广西、贵州三省潜力性指数逐年上升,宁夏潜力性指数逐年走低,与其他西部省份有所上升或持平的趋势相比,宁夏高等教育发展潜力并不乐观。

江苏、广东、上海、浙江在潜力性指数上表现较为突出,潜力性指数都保持在 50 上下,广东维持着较高水平的潜力性指数,江苏表现尤为抢眼,与北京的差距逐年缩小。苏州和深圳两个城市高等教育动向展示了这两个省份的高等教育发展潜力。作为教育资源相对落后的经济发达城市,苏州和深圳近几年多管齐下,使得教育资源取得了突飞猛进的进步。比如苏州,在做大做强苏州大学的同时,积极引进外部高校资源,开建西交利物浦大学太仓校区,引进人民大学建设苏州校区。借助其县域经济的优势,苏州还着力打造了昆山杜克大学,进一步提升了地区的教育水平。深圳则以其开放包容的态度,吸引了众多名校纷至沓来,积极引进了境内外多所知名大学合作办学,此外,深圳还与中国科学院合作建设深圳理工大学,为地区的高等教育发展提供了新动力。这一系列举措,在丰富优质高等教育资源的同时,也活跃了当地的经济。其他地区虽然有差距,但也表现出积极的迹象。近年来被关注到的缺乏优质高等教育资源的"山河四省"(山东、山西、河南、河北),潜力性指数呈现稳步增长的趋势,中部省份如湖南、安徽潜力性指数的增长趋势也反映出高等教育正在逐步实现"中部崛起"。

二、子指数排名

基于子指数得分情况进行排名,得到表 3-5 结果。省域高等教育竞争力一级指标指数的排名情况反映了各地教育发展的差异和特点,也为各地制定未来教育发展策略提供了重要参考。

表 3-5　中国省域高等教育竞争力一级指标指数排名(2019—2021)

	基础性指数排名			优异性指数排名			潜力性指数排名		
	2019	2020	2021	2019	2020	2021	2019	2020	2021
北京	1	1	1	1	1	1	1	1	1
天津	10	11	11	11	10	13	13	12	16
河北	16	15	15	27	24	27	18	19	18
山西	31	31	29	22	20	20	22	22	22
内蒙古	24	23	28	28	29	30	25	27	27
辽宁	9	10	9	8	9	14	11	11	11
吉林	19	19	13	18	17	16	19	20	20
黑龙江	12	12	10	16	15	17	17	17	17
上海	3	3	2	2	2	3	4	4	4
江苏	2	2	3	3	3	2	2	2	2
浙江	5	6	7	6	6	6	5	5	5
安徽	22	21	20	14	14	12	14	16	15

	基础性指数排名			优异性指数排名			潜力性指数排名		
	2019	2020	2021	2019	2020	2021	2019	2020	2021
福建	15	16	12	10	13	10	16	14	13
江西	18	18	23	23	23	23	20	18	19
山东	7	5	8	12	11	8	6	6	6
河南	11	9	16	20	19	19	15	15	14
湖北	6	8	4	4	4	5	7	7	7
湖南	13	14	17	13	12	11	10	10	10
广东	4	4	6	5	5	4	3	3	3
广西	26	26	26	19	22	22	26	25	24
海南	28	27	24	26	25	25	29	28	28
重庆	25	24	19	17	16	15	12	13	12
四川	14	13	14	7	7	7	8	9	8
贵州	23	25	25	25	26	26	27	26	25
云南	30	29	30	15	18	18	23	23	23
西藏	20	17	22	29	28	24	31	31	31
陕西	8	7	5	9	8	9	9	8	9
甘肃	21	22	21	21	21	21	24	24	26
青海	17	20	18	30	30	29	30	30	29
宁夏	27	28	27	31	31	31	28	29	30
新疆	29	30	31	24	27	28	21	21	21

基础性指数排名。2019—2021 年,北京、上海和江苏一直稳居基础性指数的前三强。与此同时,广东、浙江、湖北、山东、陕西和辽宁省份基础性指数相对稳定地保持在前十名内,天津、河南和黑龙江三省分别在 2019、2020 和 2021

年曾经跻身前十名,总体来说,这些省份具有较为稳固的高等教育基础。从变化来看,基础性指数前十名中,北京一直稳居首位,陕西逐年提升,浙江和广东则略有下降,湖北波动较大,尤其是在 2021 年上升了四个名次。

　　优异性指数排名。2019—2021 年,北京、上海和江苏同样占据优异性指数的前三强,显示了其高等教育竞争的卓越表现。稳定保持前十强的省份为湖北、广东、浙江、四川、陕西,福建和辽宁曾在 2020 年、2021 年分别跌落前十榜单,相应地,天津和山东分别于 2020 年、2021 年跻身前十强。2021 年优异性指数排名变化浮动较为显著,排名高位省份更为突出,江苏超过上海,成为仅次于北京优异性指数的省份,广东也首次超过湖北,山东优异性指数上升明显,由 2019 年第 12 名上升 4 名,2021 年跃升至第 8 位。

　　潜力性指数排名。2019—2021 年,省域潜力性指数前三强和前十强的排名基本稳定,北京、江苏、广东位居前三,上海、浙江、山东、湖北依次排名为第四至七名,仅有的变化为四川和陕西在第八名和第九名位次的波动,湖南稳定处于第十名。在整体较为稳定的排名态势中,天津潜力性指数排名下降较为明显,2021 年后退 4 个名次,是各省市高等教育潜力性指数位次出现的最大变化。

第三节　省域高等教育竞争力综合指数及排名

一、中国省域高等教育竞争力指数

　　对一级指标三个子指数等权相加求平均数后,得到各省高等教育竞争力综合指数,如表 3 - 6 所示。

表 3 - 6　中国省域高等教育竞争力指数及排名(2019—2021)

	高等教育竞争力指数			高等教育竞争力指数排名		
	2019	2020	2021	2019	2020	2021
北京	88.63	89.14	92.24	1	1	1
天津	25.44	25.95	25.12	12	12	13

续　表

	高等教育竞争力指数			高等教育竞争力指数排名		
	2019	2020	2021	2019	2020	2021
河北	16.16	16.77	16.60	19	19	19
山西	11.97	11.79	14.01	26	25	22
内蒙古	12.43	11.51	9.70	25	26	29
辽宁	27.67	26.83	27.48	10	10	10
吉林	18.46	18.42	19.90	18	18	18
黑龙江	22.22	21.89	23.18	14	14	14
上海	52.26	53.18	57.49	3	3	3
江苏	60.48	61.20	62.79	2	2	2
浙江	38.82	38.88	40.79	6	6	6
安徽	21.33	21.10	22.41	15	16	15
福建	23.91	22.19	25.49	13	13	12
江西	16.09	16.47	14.90	20	20	21
山东	34.21	35.58	37.58	7	7	7
河南	20.36	21.17	20.30	17	15	17
湖北	40.22	39.50	42.26	5	5	5
湖南	25.55	26.13	26.22	11	11	11
广东	49.07	50.33	50.81	4	4	4
广西	13.38	12.96	13.44	23	23	24
海南	9.29	10.53	11.29	30	29	27
重庆	20.69	20.28	22.27	16	17	16
四川	29.59	29.42	31.15	9	9	9

续　表

	高等教育竞争力指数			高等教育竞争力指数排名		
	2019	2020	2021	2019	2020	2021
贵州	12.98	11.83	12.26	24	24	25
云南	14.40	13.29	13.55	22	22	23
西藏	10.42	10.94	11.65	29	27	26
陕西	31.86	34.59	35.06	8	8	8
甘肃	14.88	14.04	14.91	21	21	20
青海	11.55	10.48	11.29	28	30	28
宁夏	8.80	8.31	8.44	31	31	31
新疆	11.92	10.86	8.81	27	28	30

从整体趋势来看,2019—2020 年,近一半省份高等教育竞争力指数得到提升,超过一半省市的竞争力指数出现下降,陕西和福建分别是高等教育竞争力指数上升和下降最突出的省份。相比于 2020 年,2021 年绝大部分省份竞争力综合指数上升,并且提升幅度较大,上海、山西、福建等省份竞争力综合指数增长显著。从 2019 年到 2021 年,全国各省市的高等教育竞争力指数总体呈现出波动性增长的趋势。总体来看,高等教育竞争力排名"头部"省份比较稳定,三年间,北京、江苏、上海、广东、湖北、浙江、山东、陕西、四川、辽宁十省牢牢占据全国高等竞争力前十强;"尾部"十省为云南、贵州、广西、内蒙古、新疆、山西、青海、西藏、宁夏、海南,但是相对于"头部"省份,"尾部"省份之间年度排名变化较大,一定程度上说明一些"尾部"省份高等教育竞争力水平成绩虽然并不突出,但排名浮动变化代表着新的发展势头已经出现。

二、中国省域高等教育竞争力排名

2019 年、2020 年、2021 年中国各省的高等教育竞争力平均指数分别为

25.65、25.66、26.56(见图3-1、图3-2、图3-3)。分省份进一步分析,按照高等教育竞争力指数得分将各省分为A、B、C、D四个等级,A等级:60~100分;B等级:30~60分;C等级:15~30分;D等级:0~15分。

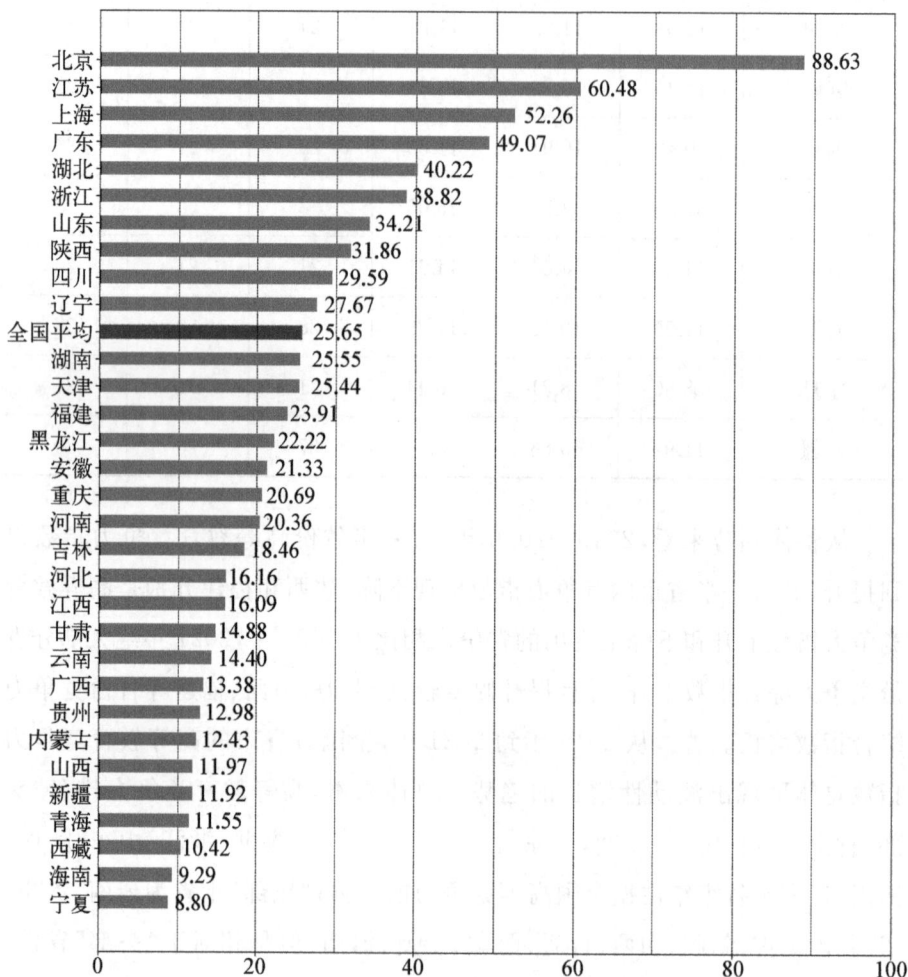

图 3-1　2019年中国省域高等教育竞争力指数排名

根据指数测算结果,2019年各省高等教育竞争力指数分级如下:A等级2个,占比6.5%;B等级6个,占比19.4%;C等级12个,占比38.7%;D等级11个,占比35.5%。

A等级:北京(88.63)、江苏(60.48)

B 等级：上海（52.26）、广东（49.07）、湖北（40.22）、浙江（38.82）、山东（34.21）、陕西（31.86）

C 等级：四川（29.59）、辽宁（27.67）、湖南（25.55）、天津（25.44）、福建（23.91）、黑龙江（22.22）、安徽（21.33）、重庆（20.69）、河南（20.36）、吉林（18.46）、河北（16.16）、江西（16.09）

D 等级：甘肃（14.88）、云南（14.40）、广西（13.38）、贵州（12.98）、内蒙古（12.43）、山西（11.97）、新疆（11.92）、青海（11.55）、西藏（10.42）、海南（9.29）、宁夏（8.80）

综合分析显示，2019 年高等教育竞争力 A 等级省份为北京、江苏。竞争力较为强劲的省份主要分布在 B 等级，这些地区的高等教育水平虽然不及 A 等级地区，但仍然处于相对领先地位，数量不足 1/5。C 等级省市的高等教育竞争力较低，这些地区高等教育发展的规模和质量均有所不足。这一等级省市数量最多，占比约为 38.7％。D 等级代表着高等教育竞争力薄弱地区，超过 1/3 的省市高等教育竞争力发展面临严峻挑战。

从全国平均指数的比较来看，北京（85.13）、江苏（60.48）、上海（52.26）、广东（49.07）、湖北（40.22）、浙江（38.82）、山东（34.21）、陕西（31.86）、四川（29.59）、辽宁（27.67）共计 10 个省份超过全国高等教育竞争力平均指数 25.65，2/3 的省份高等教育竞争力低于全国平均水平。

根据指数测算结果，2020 年各省高等教育竞争力指数分级如下：A 等级 2 个，占比 6.5％；B 等级 6 个，占比 19.4％；C 等级 12 个，占比 38.7％；D 等级 11 个，占比 35.5％。

A 等级：北京（89.14）、江苏（61.20）

B 等级：上海（53.18）、广东（50.33）、湖北（39.50）、浙江（38.88）、山东（35.58）、陕西（34.59）

C 等级：四川（29.42）、辽宁（26.83）、湖南（26.13）、天津（25.95）、福建（22.19）、黑龙江（21.89）、河南（21.17）、安徽（21.10）、重庆（20.28）、吉林（18.42）、河北（16.77）、江西（16.47）

D 等级：甘肃（14.04）、云南（13.29）、广西（12.96）、贵州（11.83）、山西

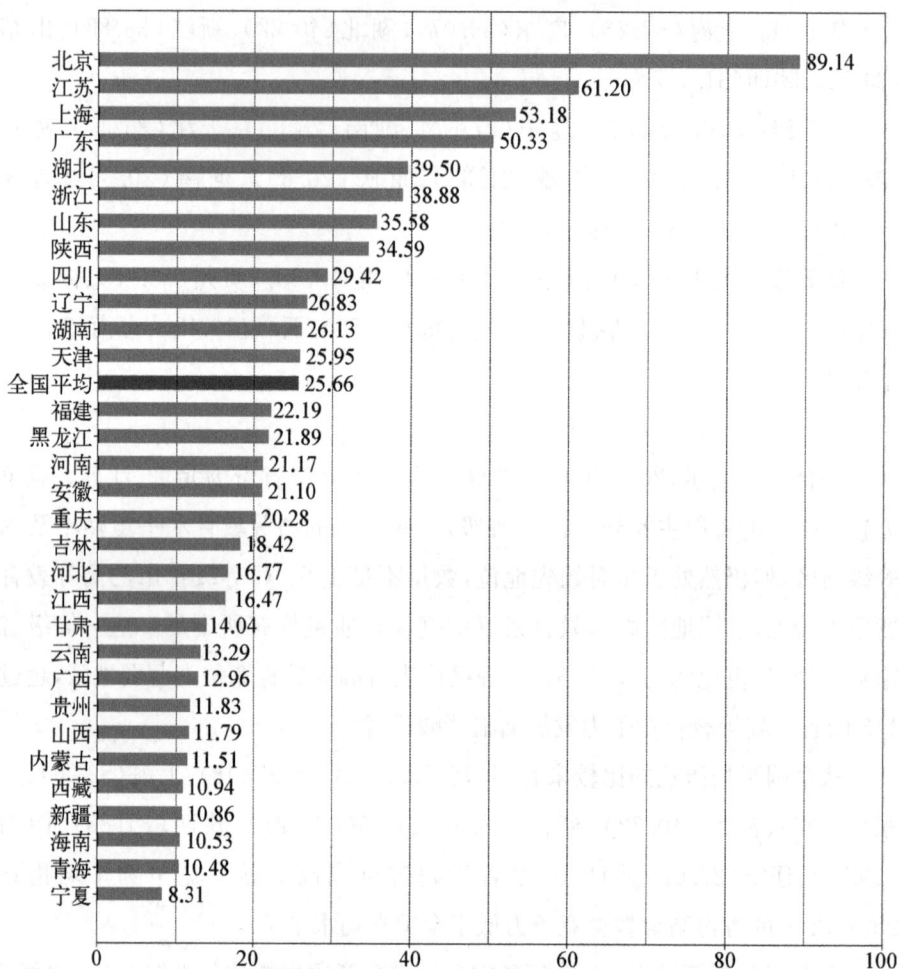

图 3－2　2020 年中国省域高等教育竞争力指数排名

(11.79)、内蒙古(11.51)、西藏(10.94)、新疆(10.86)、海南(10.53)、青海(10.48)、
宁夏(8.31)

　　综合分析显示,2020 年高等教育竞争力 A 等级省份有 2 个,第一梯队中
江苏竞争力提升值得瞩目,继续保持了指数增长。B 等级省市数量未有增加,
排名也保持并不变,这一类高等教育竞争力强劲省份整体水平较为稳定。与
上一年相比,C 等级省市数量不变,仍为 12 省,其中,河南省表现突出,由 17
名上升 2 名至 15 名。D 等级省市数量不变,共 11 个省,但出现了较为明显的

位次变化,西藏由 29 名上升为 27 名,山西、海南等省份排名均有所提升。

从全国平均指数的比较来看,北京(89.14)、江苏(61.20)、上海(53.18)、广东(50.33)、湖北(39.50)、浙江(38.88)、山东(35.58)、陕西(34.59)、四川(29.42)、辽宁(26.83)、湖南(26.13)、天津(25.95)共计 12 个省份超过全国高等教育竞争力平均指数 25.66,相比上年增加湖南和天津。

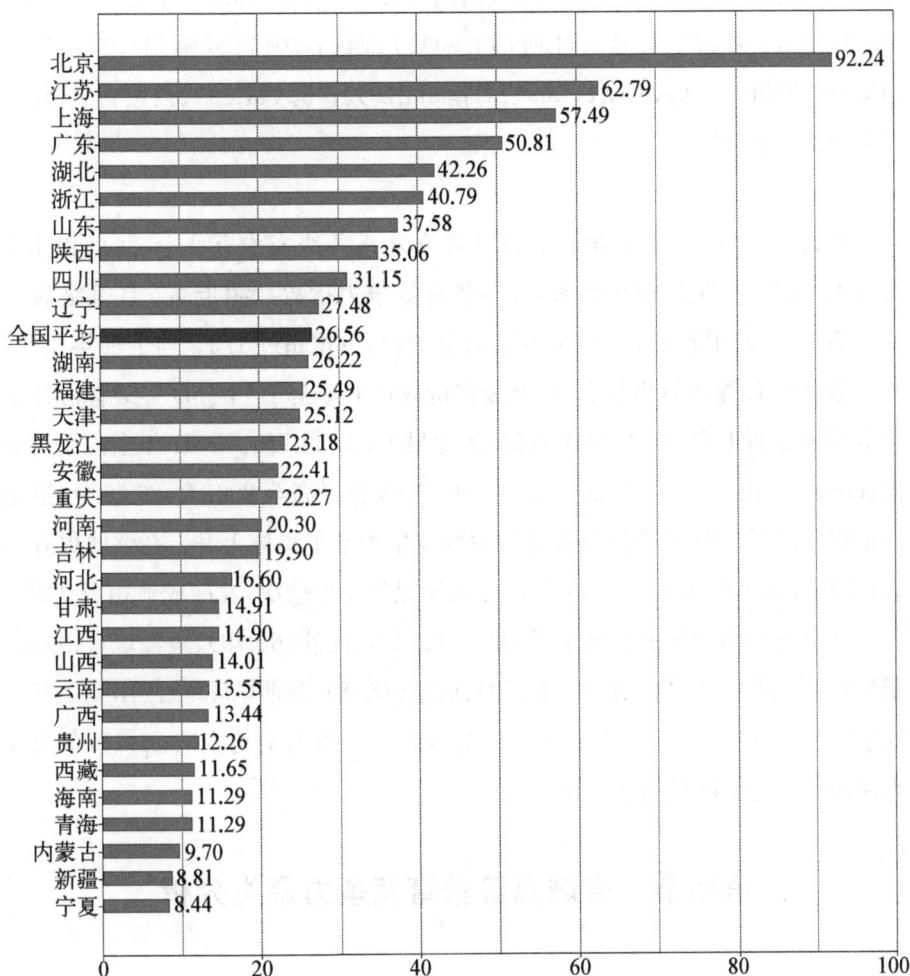

图 3-3　2021 年中国省域高等教育竞争力指数排名

根据指数测算结果,2021 年各省高等教育竞争力指数分级如下:A 等级 2 个,占比 6.5%;B 等级 7 个,占比 22.6%;C 等级 10 个,占比 35.5%;D 等级 12

个,占比 38.7%。

　　A 等级:北京(92.24)、江苏(62.79)

　　B 等级:上海(57.49)、广东(50.81)、湖北(42.26)、浙江(40.79)、山东(37.58)、陕西(35.06)、四川(31.15)

　　C 等级:辽宁(27.48)、湖南(26.22)、福建(25.49)、天津(25.12)、黑龙江(23.18)、安徽(22.41)、重庆(22.27)、河南(20.30)、吉林(19.90)、河北(16.60)

　　D 等级:甘肃(14.91)、江西(14.90)、山西(14.01)、云南(13.55)、广西(13.44)、贵州(12.26)、西藏(11.65)、海南(11.29)、青海(11.29)、内蒙古(9.70)、新疆(8.81)、宁夏(8.44)

　　综合分析显示,2021 年高等教育竞争力 A 等级省份有 2 个,北京和江苏继续保持第一梯队高增长势头,高等教育竞争力指数持续走高。B 等级省份增加为 7 个,四川省以 31.15 分升级为 B 等级,占比超过 1/5。与上一年相比,江西省跌出 C 等级省市排名,C 等级省份数量下降至 10 个。D 等级省份数量相应增加江西 1 省,共计 12 个省份,占比最大,为 38.7%。2021 年全国平均分值提高显著,由 2019 年 25.56 分、2020 年 25.66 分提高至 2021 年 26.56 分,这也一定程度说明 2021 年全国各省高等教育竞争力水平整体上升。在整体提升的大环境中,山西省持续上升,与 2019 年相比提升 4 个位次,发展成绩相当亮眼。

　　从全国平均指数的比较来看,北京(92.24)、江苏(62.79)、上海(57.49)、广东(50.81)、湖北(42.26)、浙江(40.79)、山东(37.58)、陕西(35.06)、四川(31.15)、辽宁(27.48)共计 10 个省份超过全国高等教育竞争力平均指数 26.56,湖南和天津短暂超越全国均值后再度回落。

第四节　省域高等教育竞争力聚类分析

　　聚类分析(Cluster Analysis)是对样本(个体)以某种相似性为度量标准进行分类的一种统计分析方法。相似样本的集合就是分类结果以聚类谱系(类型)显示。本书根据省、自治区、直辖市高等教育竞争力指数,运用分层聚类(Hierarchical Cluster)中的凝聚法对 31 个省、自治区、直辖市进行分类。凝聚法是把参与聚类的每个观测量视为异类,根据两类之间的距离或相似性逐步合并直到合并为一个大类为止。采用组间平均链锁距离(Between Groups Average Linkage)和平方欧氏距离(Squared Euclidean Distance)来具体分析。

一、省域高等教育竞争力指数聚类分析结果

根据计算获得的 31 个省、自治区、直辖市的基础性指数、优异性指数、潜力性指数数据,分别对 2019 年、2020 年、2021 年 31 个省、自治区、直辖市按照高等教育竞争力指数进行聚类分析,得到聚类谱系图(图 3-4 至 3-6,图中纵轴的"Y"形符号代表中间位置,本书所有聚类树状图均保留该符号)。

由图 3-4 至图 3-6 可以看出,31 个省、自治区、直辖市 2019—2021 年的高等教育竞争力指数可以稳定分为四类:

第一类,北京。北京市是高等教育竞争力指数最高的省级单位,基础性指数的教育经费得分非常高,基本条件、师资配备得分相对较弱,但呈逐年提高趋势;优异性指数的人才效益、优质高等教育得分非常高,但其国际化相比其他两项指标,同时与上海相比,得分相对较低;潜力性指数的研发创新位居全国首位,服务地方得分逐年提高。北京市多项二级指标得分都居全国高校首位,其他省、自治区、直辖市与它的差距非常大,因此,它的高等教育竞争力指数排第一。

第二类,上海、江苏、广东。该类基础性指数在基本条件、师资配备、教育经费方面得分相对均衡;优异性指数的人才效益、优质高等教育相对较弱,国际化水平相对较高;潜力性指数的研发创新、服务地方得分相对较高,因此该类潜力性指数表现相对于基础性指数、优异性指数要好。该类高等教育竞争力指数相对于除北京外的其他省级单位,其基础性指数、优异性指数、潜力性指数均相对均衡,体现出较高的高等教育配置效率。

第三类,浙江、山东、湖北、陕西。该类基础性指数在基本条件、师资配备方面表现相对较好,但教育经费得分相对较低;优异性指数的人才效益、优质高等教育相对较弱,国际化水平相对较高;潜力性指数的研发创新、服务地方得分相对较高,因此该类潜力性指数更相对于基础性指数、优异性指数表现要好。该类高等教育竞争力指数受制于教育经费投入,其优异性指数得分相对较低。

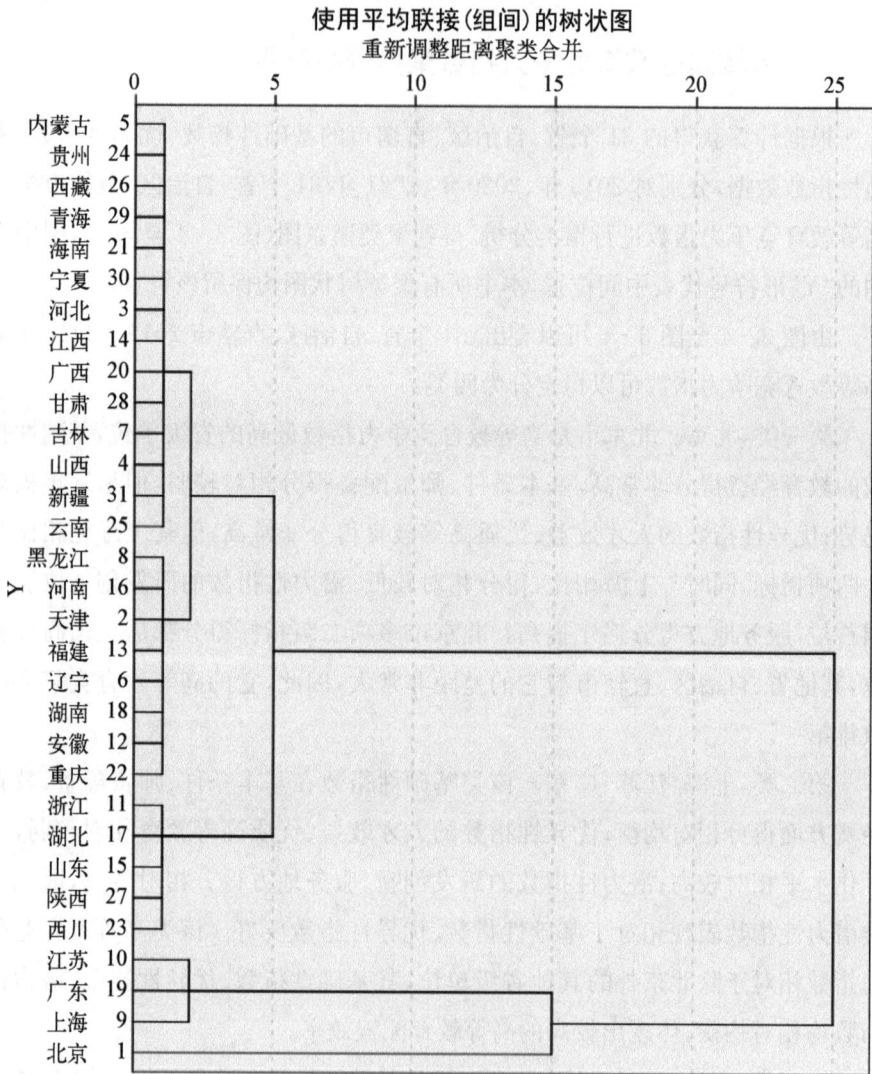

图 3-4 2019 年高等教育竞争力指数聚类谱系图

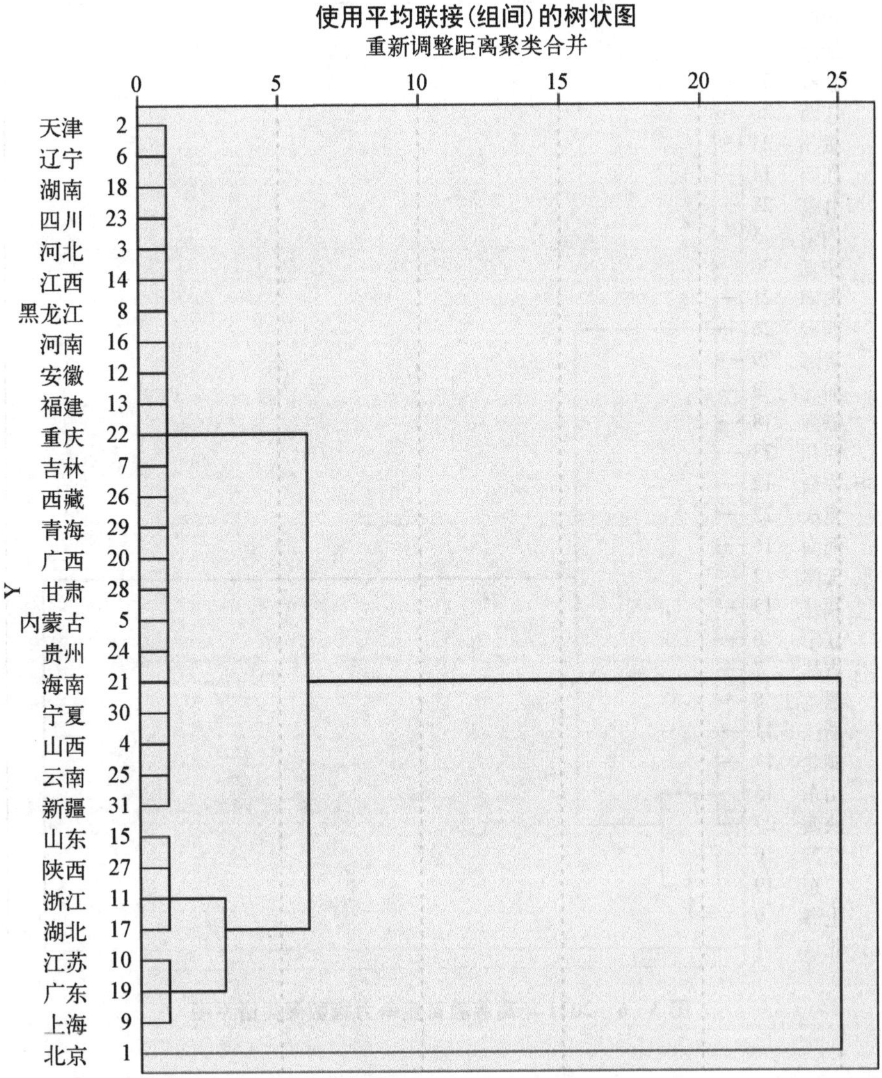

使用平均联接(组间)的树状图
重新调整距离聚类合并

图 3-5　2020 年高等教育竞争力指数聚类谱系图

使用平均联接（组间）的树状图
重新调整距离聚类合并

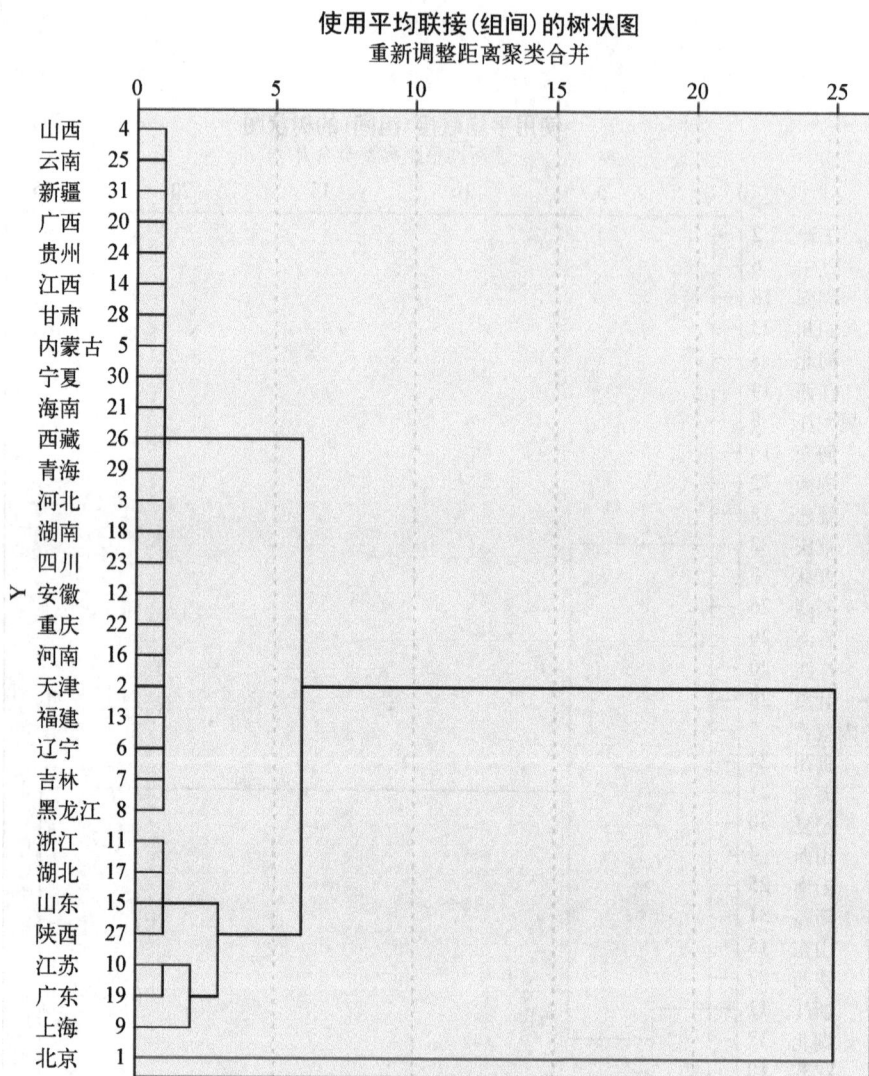

图 3-6　2021 年高等教育竞争力指数聚类谱系图

第四类，天津、河北、山西、内蒙古、辽宁、吉林、黑龙江、安徽、福建、江西、河南、湖南、广西、海南、重庆、四川、贵州、云南、西藏、甘肃、青海、宁夏、新疆。该类高等教育竞争力的基础性指数、优异性指数、潜力性指数的得分都较低，优异性指数、潜力性指数的各指标与其他三类差距较大。

二、省域高等教育竞争力指标聚类分析结果

根据 31 个省、自治区、直辖市的基础性指数、优异性指数、潜力性指数的指标标准化数据,分别对 2019 年、2020 年、2021 年 31 个省、自治区、直辖市按照基础性指数、优异性指数、潜力性指数的指标进行聚类分析,得到聚类谱系图(见图 3 - 7 至图 3 - 9)。

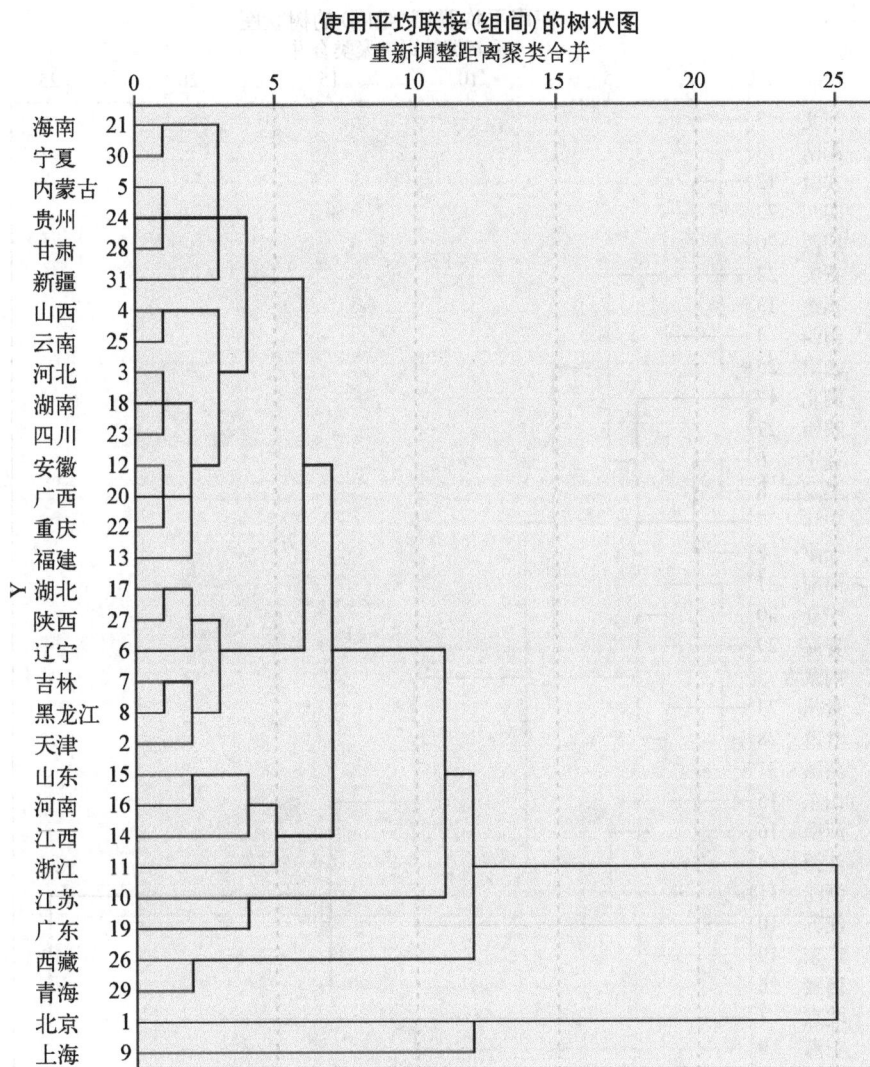

图 3 - 7 2019 年基础性指数聚类谱系图

（一）基础性指数

由图 3－7 至 3－9 可以看出，根据 31 个省、自治区、直辖市 2019—2021 年的基础性指数指标的标准化数据可以看出，北京、上海、西藏分别是相对稳定且较独立的分类。天津、河北、山西、内蒙古、吉林、黑龙江、安徽、福建、江西、湖南、广西、海南、重庆、四川、贵州、云南、西藏、甘肃、青海、宁夏、新疆是相对稳定独立一类。

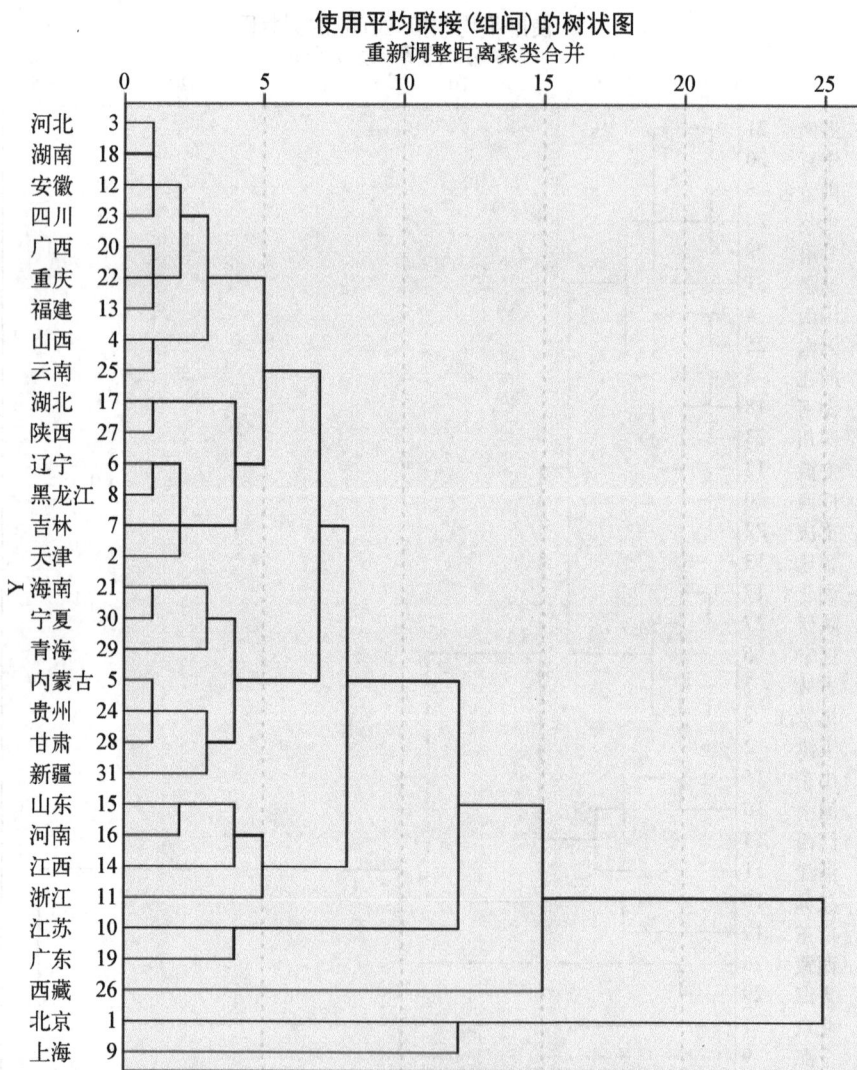

图 3－8　2020 年基础性指数聚类谱系图

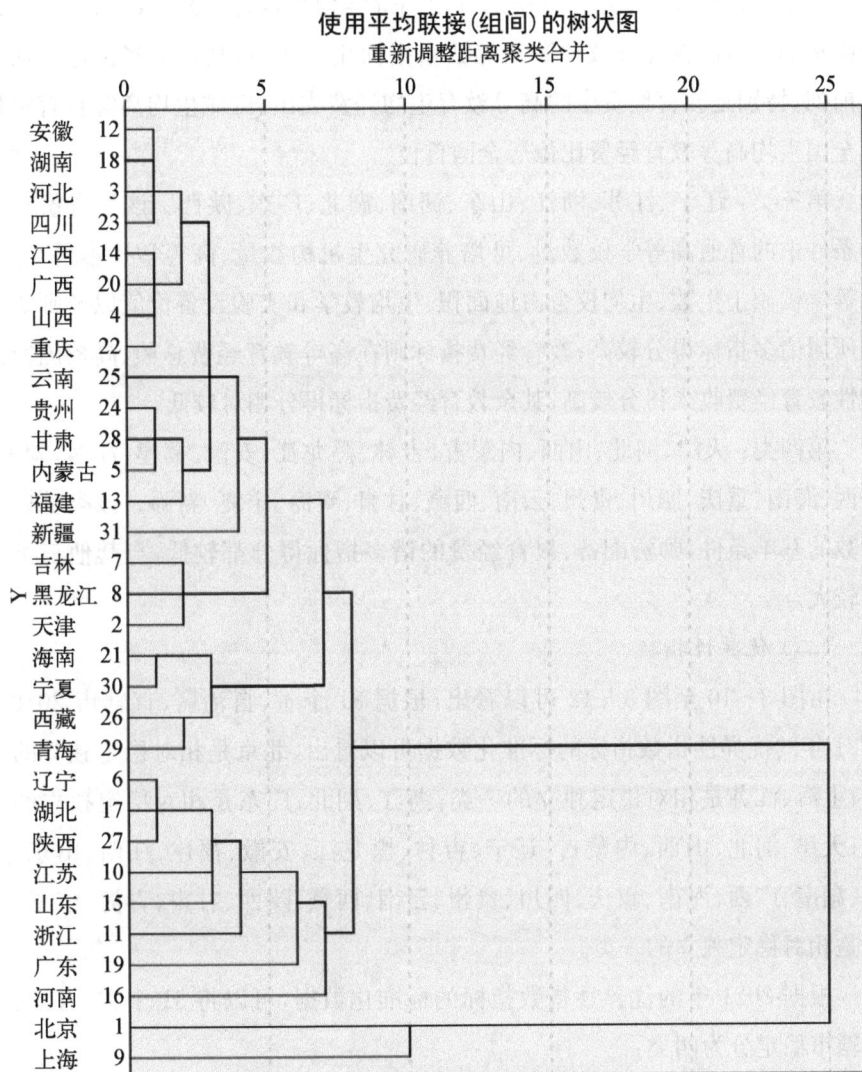

图 3 - 9　2021 年基础性指数聚类谱系图

根据 2021 年的基础性指数指标的标准化数据,可以将 31 个省、自治区、直辖市稳定分为四类:

第一类:北京。除基本条件中的普通高等学校数量、高等学校本科生数指标外,在其余基础性指标,特别是师资配备、教育经费等诸多指标均位居全国首位,其他省、自治区、直辖市与它的差距较大。

第二类：上海。基本条件中的普通高等学校数量、高等学校本科生数，师资配备的普通高校专任教师数量等数量指标相对薄弱；其余诸多指标位居全国前列，特别是教育经费中的高等教育生均经费支出、区域生均高等教育经费与全国生均高等教育经费比位居全国首位。

第三类：辽宁、江苏、浙江、山东、河南、湖北、广东、陕西。该类省份在基本条件中的普通高等学校数量、可培养研究生机构数量、高等学校本科生数、高等学校硕士生数、生均校舍占地面积、生均教学和实验设备价值以及师资配备所属诸多指标得分较高；教育经费指标则在高等教育经费总额、高校国家财政性教育经费收入得分较高；其余教育经费指标得分相对较低。

第四类：天津、河北、山西、内蒙古、吉林、黑龙江、安徽、福建、江西，湖南、广西、海南、重庆、四川、贵州、云南、西藏、甘肃、青海、宁夏、新疆。该类基础性指数的基本条件、师资配备、教育经费的诸多指标得分都较低，与其他三类差距较大。

（二）优异性指数

由图 3-10 至图 3-12 可以看出，根据 31 个省、自治区、直辖市 2019—2021 年的优异性指数指标的标准化数据可以看出，北京是相对稳定独立的一类；上海、江苏是相对稳定独立的一类；浙江、湖北、广东是相对稳定独立的一类；天津、河北、山西、内蒙古、辽宁、吉林、黑龙江、安徽、福建、江西、山东、河南、湖南、广西、海南、重庆、四川、贵州、云南、西藏、陕西、甘肃、青海、宁夏、新疆是相对稳定独立的一类。

根据 2021 年的优异性指数指标的标准化数据，可以将 31 个省、自治区、直辖市稳定分为四类：

第一类：北京。除国际化的国际科研合作论文比例指标外，人才效益、优质高等教育、国际化的其他指标均位居全国首位。

第二类：上海、江苏。该类的人才效益、优质高等教育、国际化诸多指标均位居全国前列。

第三类：湖北、广东、浙江。该类在人才效益的毕业硕士生人数、硕士和博士学位点数量，优质高等教育的 ESI 论文总被引次数，国际化的国际科研合作论文比例等指标得分相对较高。

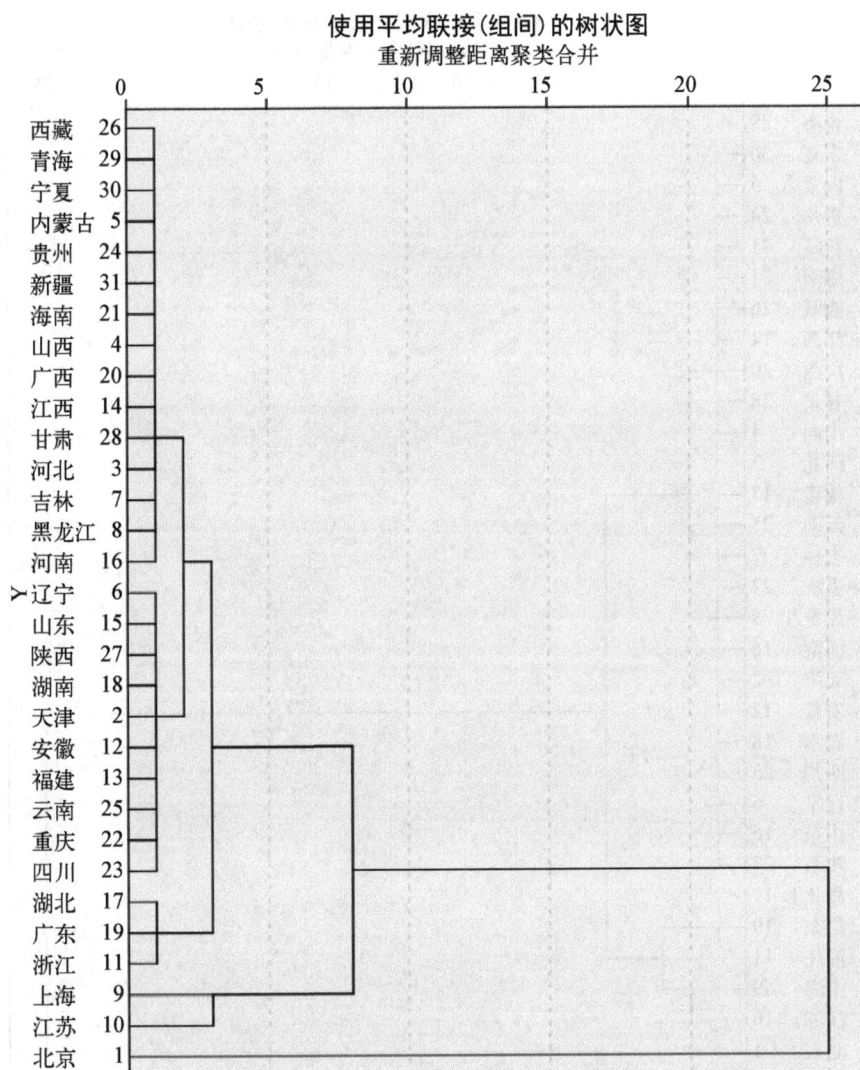

图 3-10　2019 年优异性指数聚类谱系图

使用平均联接(组间)的树状图
重新调整距离聚类合并

| | | 0 | 5 | 10 | 15 | 20 | 25 |

青海　29
宁夏　30
内蒙古　5
贵州　24
新疆　31
海南　21
西藏　26
江西　14
广西　20
甘肃　28
山西　4
河北　3
福建　13
云南　25
吉林　7
Y　重庆　22
黑龙江　8
河南　16
天津　2
安徽　12
湖南　18
四川　23
辽宁　6
山东　15
陕西　27
湖北　17
广东　19
浙江　11
上海　9
江苏　10
北京　1

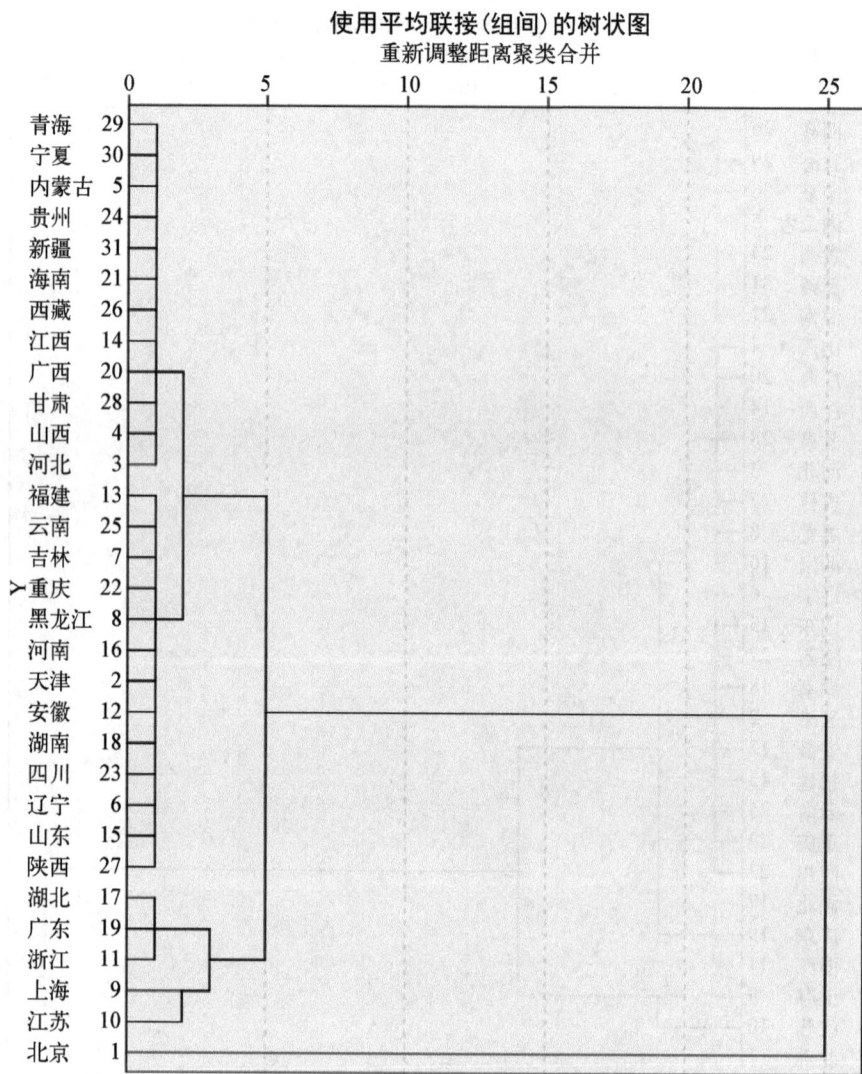

图 3-11　2020 年优异性指数聚类谱系图

使用平均联接(组间)的树状图
重新调整距离聚类合并

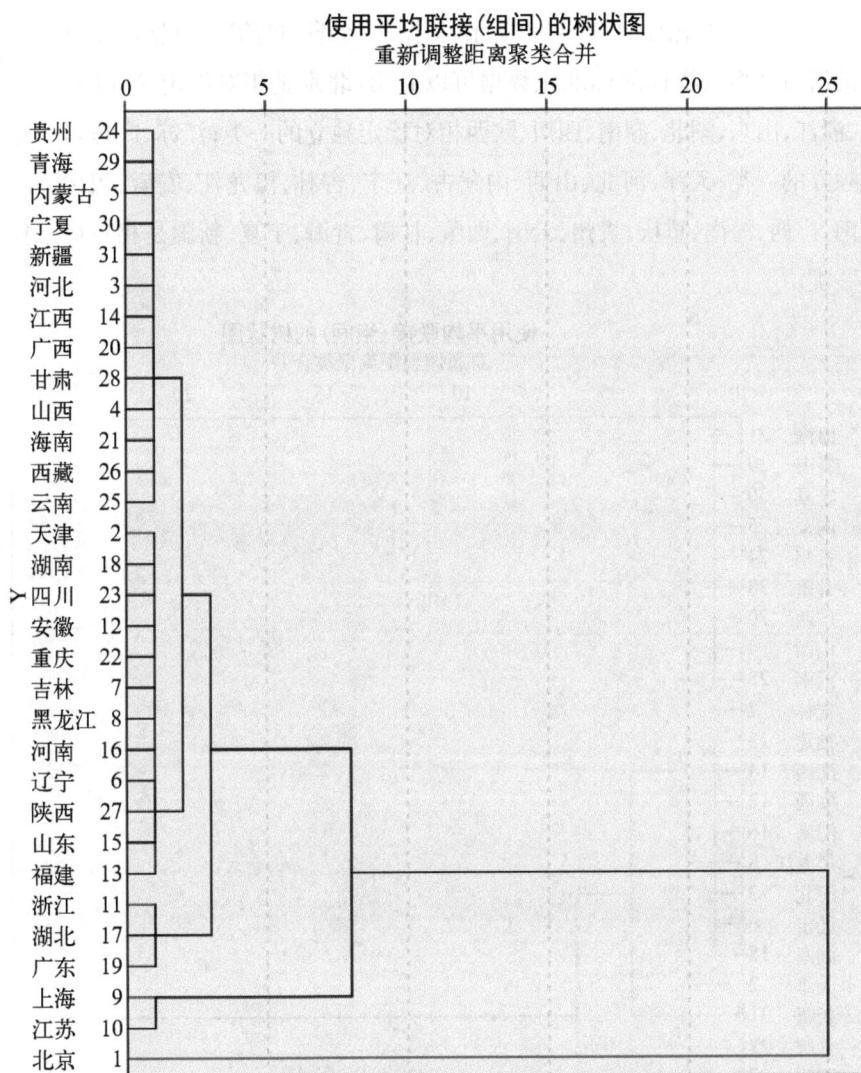

图3-12　2021年优异性指数聚类谱系图

第四类：天津、河北、山西、内蒙古、辽宁、吉林、黑龙江、安徽、福建、江西、山东、河南、湖南、广西、海南、重庆、四川、贵州、云南、西藏、陕西、甘肃、青海、宁夏、新疆。该类优异性指数的人才效益、优质高等教育、国际化的诸多指标得分都较低，与其他三类差距较大。

(三)潜力性指数

由图 3-13 至图 3-15 可以看出,根据 31 个省、自治区、直辖市 2019—2021 年的潜力性指数指标的标准化数据可以看出,北京是相对稳定独立的一类;上海、浙江、山东、湖北、湖南、四川、陕西相对稳定独立的一类;江苏、广东是相对稳定独立的一类;天津、河北、山西、内蒙古、辽宁、吉林、黑龙江、安徽、福建、江西、河南、广西、海南、重庆、贵州、云南、西藏、甘肃、青海、宁夏、新疆是相对稳定独立的一类。

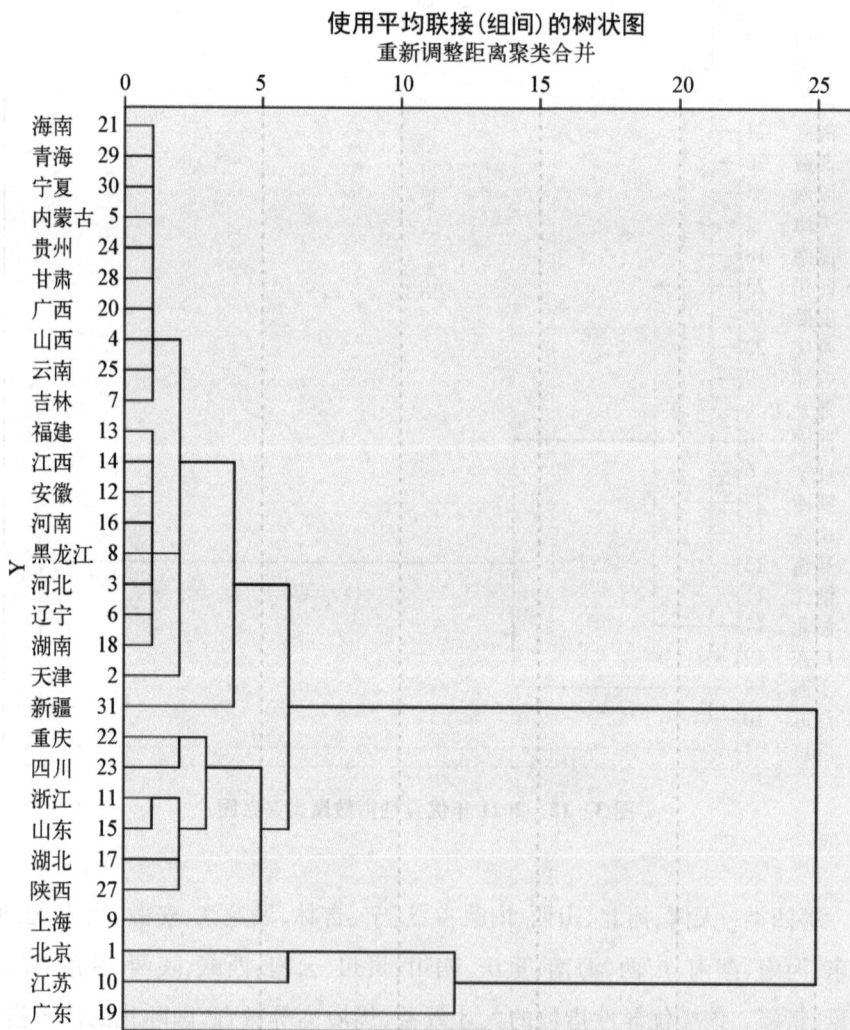

图 3-13 2019 年潜力性指数聚类谱系图

使用平均联接（组间）的树状图
重新调整距离聚类合并

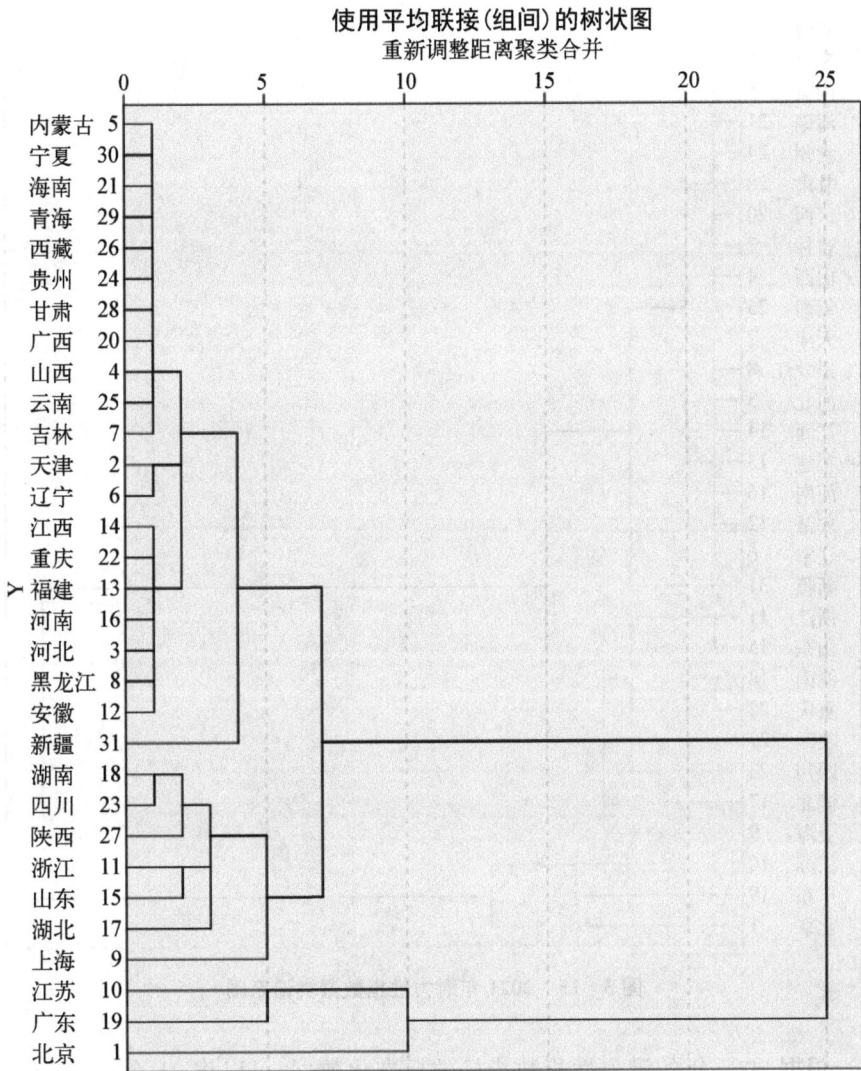

图 3 - 14　2020 年潜力性指数聚类谱系图

使用平均联接(组间)的树状图
重新调整距离聚类合并

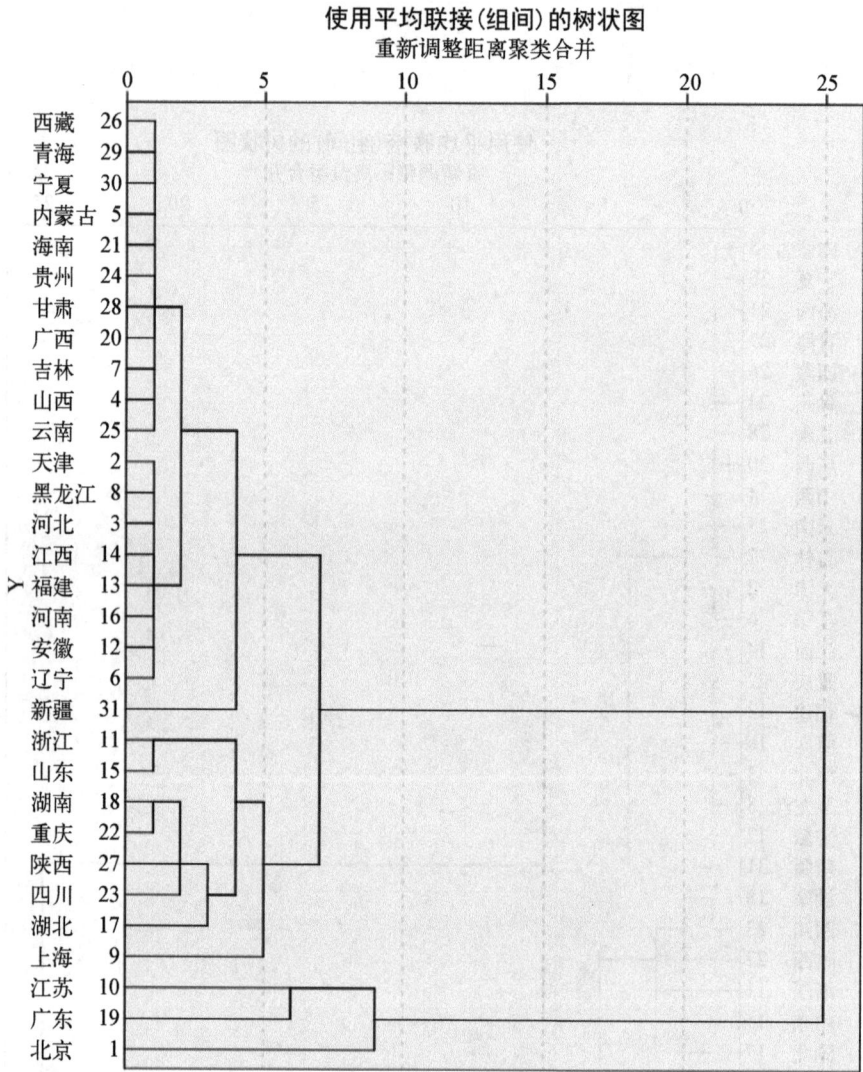

图 3-15　2021 年潜力性指数聚类谱系图

根据 2021 年的潜力性指数指标的标准化数据,可以将 31 个省、自治区、直辖市稳定分为四类:

第一类:北京。研发创新指标除地区 R&D 经费外,其余观测指标均位居全国首位。服务地方指标在高新技术产业数量观测指标得分相对较低,其余指标位居全国前列,其中技术转让收入总额和横向课题经费数位居全国首位。

第二类：江苏、广东。该类除创新研发的国家实验室、重点实验室数量观测指标相对薄弱外，在创新研发、服务地方的各观测指标的得分均位居全国前列。

第三类：上海、浙江、山东、湖北、湖南、重庆、四川、陕西。该类在创新研发、服务地方的各观测指标的得分均相对较高。

第四类：天津、河北、山西、内蒙古、辽宁、吉林、黑龙江、安徽、福建、江西、河南、广西、海南、贵州、云南、西藏、甘肃、青海、宁夏、新疆。该类潜力性指数的创新研发、服务地方的诸多指标得分都较低，与其他三类差距较大。

第四章
中国省域高等教育竞争力案例研究

　　一个国家教育系统的发展深受政治、经济、社会等综合因素的影响,教育的目标、内容和组织形式都会随着社会需求和变化而调整。政治因素对于省域高等教育系统的建立和调整具有最直接而深远的影响,政治体制、政治局势和政策取向共同作用,塑造了高等教育的发展模式和政策环境,决定了其发展方向。[①] 其中政治体制反映了一个国家政府的组织架构和管理模式,直接决定了高等教育的管理结构和运作方式——一直以来我国采取集中统一的高等教育管理体制,体现了我国政治体制的中央集权特点。省域高等教育的发展和变革也同样受到其所处的社会经济环境的制约和影响,经济体制、经济发展水平、经济结构和人口等多方面要素都影响着省域高等教育的结构调整。经济体制的变革往往是一个决定性的诱因,计划经济时代我国的高等教育办学模式是典型的国家为主体的办学模式,融办学者、举办者、管理者为一体,这种办学模式易与计划经济相适应,深深地印刻着计划经济的烙印。[②] 这一时期,由于国家主导、集中管理,省域高等教育的发展规模和结构,人才培养的类型、层次等都被完全纳入国家计划中,中央政府在高等教育方面的控制和规划导致了各地办学的相对一致性,省际高等教育发展差异相对较小。

　　随着计划经济向市场经济转轨,原有的高等教育体制与市场经济的运行机制之间必然形成矛盾冲突,为顺应市场经济的要求,市场竞争机制也自然而

[①]　罗良针,张阳.省域高等教育体系结构调整研究[M].南昌:江西人民出版社,2014:141.

[②]　潘懋元,邬大光.世纪之交中国高等教育办学模式的变化与走向[J].教育研究,2001(03):3-7.

然地渗透到高等教育领域;伴随高等教育体制的改革,管理权逐步下放到地方政府手中,各省高等教育的发展也开始呈现新变化和新特点。由于不同地区经济发展水平及发展需求差异很大,对各类高等教育人才的需求也有所不同,因此,在省级统筹的格局下,地方政府在完成管理高等教育的"规定动作"之外的行动和办学积极性,很大程度决定了其高等教育竞争力的整体变化,从而影响到高等教育的均衡发展。

在几十年的发展历程中,尤其是随着高等教育实现大众化、普及化,国家、社会和人民群众对高等教育的诉求从寻求规模扩张、满足入学机会需求转向激发高等教育的创新驱动势能、扩大优质高等教育资源供给、促进人的全面发展和满足人的多样化教育需求等方面,[①]这就更加促使地方政府采取措施深化高等教育改革,提升本地区高等教育的竞争力,以回应和满足本地区和人民群众不断升级的高等教育需求。本书从东部、中部、西部和东北四大地区中分别选择广东、河南、山西、云南、辽宁五个省域作为代表性案例,通过分析其高等教育竞争力的发展变化历程,总结出差异化的发展路径,这些多样性的发展模式也为我国其他省域高等教育的全面发展、深化合作、实现优势互补提供了参考。

第一节 广东省:经济与教育双向促进

广东是中国现代化进程中的先行省份。新中国成立以后,广东省在社会经济、文化教育等方面取得了长足的发展,特别是改革开放以来,广东社会经济发展迅速——对外贸易、制造业、物流业、金融业等位居中国前列;珠江三角洲地区的广州、深圳、珠海等城市成为中国现代化城市建设的典范,经济总量稳居全国第一,成为中国经济发展的一大引擎,是中国改革和发展最为活跃的地区之一,推动了中国的现代化进程。广东省充分利用得天独厚的地理位置、人才资源和时机,积极推进高等教育现代化进程,注重引进先进的教育理念和技术手段,大力发展高水平大学和研究机构,培养了大量的高素质人才,取得

---

① 方芳,钟秉林."双循环"新发展格局下高等教育高质量发展的理论逻辑与现实思考[J].中国高教研究,2022(01):21-27.

了显著成就：高等教育机构数量增加,学科专业不断拓展,形成了包括综合性大学、工科大学、师范大学、医学院校等门类齐全的高等教育系统;在各类专业领域培养了大量优秀人才,并取得了一批具有国际领先水平的科研成果;高校教育质量不断提高,助力广东省经济社会的发展,使其逐渐形成了自身独特的发展模式。

一、高等教育发展的社会经济条件

广东省位于我国大陆南部沿海地带,与香港、澳门、广西、湖南、江西及福建接壤,与海南省隔海相望,全省陆地总面积17.98万平方千米,海域总面积41.9万平方千米,下辖21个地级市、65个市辖区、20个县级市、34个县、3个自治县。根据国家统计局2021年5月11日发布的第七次全国人口普查公报,广东全省常住人口1.26亿,10年增2 171万人,人口总量和10年人口增量均居全国首位。①

广东省是中国改革开放的重要窗口和先行地区,自20世纪80年代以来,一系列针对外贸和投资的政策措施促进了广东省经济的高速增长和现代化进程。在建设现代化产业体系上,广东搭建起比较稳定的"三二一"的经济产业结构,服务业快速发展,2021年产值达69 146.82亿元,已经成为带动全省经济社会发展的主要动力②;产业结构日趋多元化和高端化,以科技、电子信息、金融和文化创意等为代表的新兴产业蓬勃发展。在区域发展方面,珠三角核心区、北部生态发展区、粤港澳大湾区携手发展,逐步推进区域协调发展,区域发展差异系数从2012年的0.64下降至2021年的0.53。③

广东省历史上一直是中国的商贸重镇和对外交往的门户。自古就是中国与海外联系最为紧密的地区之一,自唐代开始,广州成为中国与海外贸易的重要港口,许多商人、旅行家、使节和文化传播者都在广东省留下了卓越的贡献

① 广东省人民政府.广东常住人口1.26亿 10年增2 171万人 人口总量和10年人口增量均居全国首位[EB/OL]. http://www.gd.gov.cn/gdywdt/bmdt/content/post_3279829.html, 2021-05-12.
② 史欣向,陈子菁.贯彻落实新发展理念,加快推动广东经济高质量发展[N].羊城晚报,2023-03-16(A10).
③ 史欣向,陈子菁.贯彻落实新发展理念,加快推动广东经济高质量发展[N].羊城晚报,2023-03-16(A10).

和影响。广东省具有优越的地理位置和交通条件,地处南海之滨,毗邻港澳,也是新中国对外开放最早、程度最高的省份之一。自党的十八大以来,广东坚定不移地推进高水平的对外开放,并积极融入世界经济体系,取得了一系列突破性进展:进出口总额连续 36 年位居全国第一,实际利用外商投资水平进一步增强,过去五年实际利用外资的年均增长率达到 8.2%,同时,对共建"一带一路"国家的进出口总额也从 1.11 万亿元增长至 2.04 万亿元,贸易结构不断得到优化。[①] 2021 年成为国内首个 GDP 超 12 万亿元的省份后(见图 4-1),2022 年广东省 GDP 达到 12.9 亿元,连续 34 年稳居全国第一。

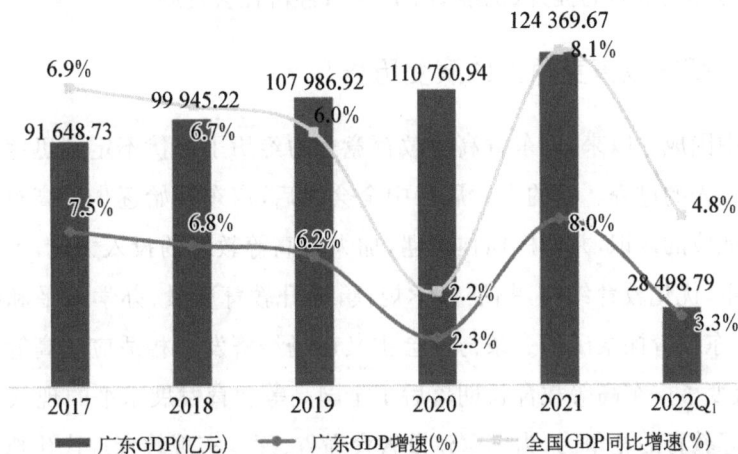

图 4-1　2017—2022 年广东省生产总值及增速(单位:亿元,%)

资料来源:前瞻产业研究院.城市产业画像系列:2022 年广东省产业全景分析报告[R].前瞻产业研究院,2022.

广东省的教育资源和创新环境十分优越,拥有众多的高等教育机构和研究机构,包括多所国家重点大学和知名科研院所。省政府非常重视教育和科技创新,积极出台政策,为高等教育和科研提供良好的支持和环境,已成立了多个国家级科技园区和高技术产业园区,吸引大量高科技企业和创新型人才的集聚,省内引进的众多科技创新型企业和跨国公司为高等教育提供了丰富的创新资源和合作机会。广东省大力推进教育现代化和创新人才培养,加强

[①] 史欣向,陈子菁.贯彻落实新发展理念,加快推动广东经济高质量发展[N].羊城晚报,2023-03-16(A10).

了高等教育与产业、科技的深度融合,促进了经济结构的升级和优化。

广东省的地理位置和移民文化也为高等教育的国际化和跨文化交流提供了丰富的资源和机会。省内的多所高水平大学,如中山大学、华南理工大学、暨南大学等,在教育教学、科研成果转化、人才培养等方面都取得了不俗成绩,吸引了众多来自全球各地的优秀学生。同时,广东省积极引进海外高水平教育资源,其中不乏国际奖项获得者和科技创新人才,以拓展国际化教育视野,提升教育质量。除此之外,广东省高校与国内外顶尖高校和科研机构建立了广泛的合作关系,共同开展人才培养和科研合作,促进了广东省高等教育的国际影响力和竞争力的提升,也推动了广东省经济社会发展。

二、高等教育竞争力的演变历程

新中国成立以来,广东省高等教育竞争力经历了起伏不定到迅速提升再到持续领先的过程。党的十一届三中全会之后,广东开始逐步提高对高等教育战略地位的认识,并积极抓住机遇,加大对高等教育的投入力度,不断深化教育改革,优化教育结构,拓展办学规模,提升教育质量、办学水平和综合效益,为广东教育探索出了一条与社会主义市场经济发展相适应的高等教育新路径,改变了广东高等教育长期落后于全国高等教育发展水平的现状,[①]不断提升高等教育的竞争力,为广东建设教育强省、逐步实现教育现代化奠定了坚实的基础。

(一)第一阶段(1949—1977):高等教育竞争力起伏不定

新中国成立之后,广东省人民政府接管了全部高校,在国家统一部署之下,1952年广东高校开始进行院系调整,由此带来的结果是广东高等教育在全国高等教育中地位的下降,这主要是其高等教育发展落后于全国发展水平所致。[②] 不仅高校数量由15所急剧减少至5所,而且原来广东颇具优势的一些专业也因合并而消失,财经、法律、无线电、地质、天文、语言等专业被调整到其他省份,一定程度上削弱了广东高等教育的力量。后来,随着广东经济社会的

---

① 张耀荣,黄循洛,张慧湘.广东高等教育发展史[M].广州:广东高等教育出版社,2002:169.
② 钟明华,冯增俊,等.教育现代化的伟大实践:广东教育发展30年[M].广州:广东人民出版社,2008:112.

发展,广东高等教育也有了一些新的发展。20 世纪 50 年代中期,广州中医学院、广东民族学院、广州体育学院、华南热带作物学院、广州音乐专科学校等一批高等院校建立,并在广州重建暨南大学,广东高等教育出现振兴气象,逐步适应全省经济社会发展的需要。然而,1958 年全国掀起大跃进高潮,广东省经济发展停滞,人民生活水平低下,高等教育与区域发展同时进入低谷期,广东高校由 1957 年的 7 所增至 1959 年 50 所,在校生增长近一倍,数量发展远超办学能力,教育质量严重下降。[①] 1961 年,广东贯彻中央国民经济"调整、巩固、充实、提高"的方针,合并或停办办学条件较差的高校,逐步恢复正常的教学秩序;1977 年起,广东高等教育经过了拨乱反正,得到一定程度的恢复和发展。这一阶段,受到国家和区域经济社会大环境的影响,全省高等教育竞争力起伏不定。

(二) 第二阶段(1978—1998):高等教育竞争力迅速提升

改革开放以来,广东省经济发展之快令世人瞩目。广东省经济进入高速发展的阶段,经济体制改革的步伐也越来越大。为了适应经济体制改革浪潮,广东省高等教育领域也进行了一系列配套改革。广东省作为国家教委确定的高等教育改革试点省,通过"共建、合并、划转、协作、合作"等五种形式联合办学,在高等教育管理体制改革方面作了积极尝试。随着中央有意识、分步骤地向地方政府放权,调动地方的积极性,高等教育中央(各部委)和省"两级管理"的管理体制调整幅度日渐加大,开启了省域发展模式创新的契机。[②] 1993 年之后,广东高等教育发展走上快车道。1993 年 11 月 16 日,广东省八届人大常委会第五次会议通过了《广东省高等教育管理条例》,这是广东省在全国率先制定的第一个关于高等教育管理的地方性法规。为贯彻《中国教育改革和发展纲要》的精神,省政府与教育部于 1993 年首倡共建在粤部委高校体制;以"211 工程"高校建设推动全省高等教育改革和发展。20 世纪 90 年代后期,广东实施科教兴粤战略,致力于建设教育强省,推进教育现代化。在确立积极发展高等教育的战略目标和方针的同时,广东不断增加对高等教育的投入。1991 年起,该省财政高等教育经费以年均 28.98％ 的速度递增;此外,逐渐完善教育

---

① 钟明华,冯增俊等.教育现代化的伟大实践:广东教育发展 30 年[M].广州:广东人民出版社,2008:169 - 170.

② 陈伟.论省域高等教育的发展模式创新:以广东为例[J].高等教育研究,2010(01):28 - 33.

投入体制,实行多渠道集资办学,在 1997 年的高等教育总经费中,广东省各级政府投入的高等教育经费约占整个高等教育经费的 70%,学校自筹资金和收取学费、华侨及港澳同胞和其他各界人士捐资部分约占 30%。① 与此相呼应,中央颁布的一系列改革措施为省域高等教育发展模式创新营造了有利的政策环境,进一步促进了广东省区域内高等教育的发展,办学水平和效益有了显著提高,高等教育的竞争力迅速提升,并带动了整个区域的协调发展。

(三)第三阶段(1999 至今):高等教育竞争力持续领先

1999 年中央作出了大力发展高等教育的决定,各地方政府纷纷响应,相继作出了科教兴省、科教兴市的重要决策,加大对高等教育的投入,加快高等教育改革和发展的步伐。2004 年 7 月,广东召开"广东省科技·教育·人才大会"。会议提出广东在当前和今后一个时期要加强科技、教育和人才工作,加快建设科技强省、人才强省,走出一条依靠科技创新、增强综合实力和国际竞争力的新路子;大力推进教育现代化,建立结构优化、协调发展、具有广东特色、充满活力的现代国民教育体系和终身教育体系,形成满足人民群众多样化学习需求的学习型社会;培养高素质劳动者和一大批拔尖创新人才,把广东建设成为各类优秀人才的集聚中心。② 同年 8 月,广东省委、省政府颁发《广东省教育现代化建设纲要(2004—2020 年)》,次年又颁发《广东省教育现代化建设纲要实施意见(2004—2020 年)》,加快高等教育现代化步伐,大力推进教育改革与创新,广东高等教育呈现出全面发展的腾飞态势。党的十八大以来,广东教育系统向"打造南方教育高地"和"构建高质量教育体系"的总目标迈进,持续推进教育领域综合改革,坚持"冲一流、补短板、强特色"的整体发展方向,加快推进粤东、粤西、粤北欠发达地区高校(校区)建设。广东省高校建设发展迅速,十年间,全省高校由 2012 年的 138 所增至 2021 年的 160 所,2022 年新增 3 所高校进入国家新一轮"双一流"建设行列,占全国新增高校近一半,全省"双一流"高校总数达 8 所。③ 凭借天时、地利、人和的优越条件,广东经济创造了

---

① 熊志翔等.广东高等教育现代化研究[M].广州:广东高等教育出版社,2000:17.

② 陈伟.广东高等教育发展研究(1978—2008)[M].广州:暨南大学出版社,2008:20.

③ 中国教育报.非凡十年·广东教育|建设广东特色高质量教育体系[EB/OL]. http://edu.gd.gov.
cn/jyzxnew/gdjyxw/content/post_4029166.html, 2022 - 10 - 13.

持续高速发展的业绩,成为名副其实的经济大省,高等教育竞争力也得到了极大提高,并持续领先于全国各个地区。

三、高等教育竞争力的发展特点

（一）高等教育与社会发展"强互动"

得益于较早进行改革开放,广东省积累了雄厚的产业基础和金融资本,产业转型升级领先全国,长期以来广东省都是中国经济发展的"领头羊",GDP总量连续 33 年全国第一,多项财政指标排名均为第一。[①]

改革开放以来,广东省进入迈克尔·波特所归纳的三个依次升级的竞争阶段:要素驱动主导型阶段、投资驱动主导型阶段和创新驱动主导型阶段。随着地区竞争力的升级,地区发展与高等教育两者之间的实质互动日益增强。这样的互动逻辑在深圳这个城市的发展中体现得更是淋漓尽致。经过了从"深圳加工"到"深圳制造"再到"深圳创造"的逐步转型,深圳完成了从要素驱动到投资驱动再到创新驱动的地区发展模式的升级,城市经济发展与高等教育趋向"强互动"状态。[②] 深圳高校中最亮眼的成绩当属南方科技大学,距离2012 年 4 月教育部批准南科大"去筹转正"仅十年,南科大就入选了国家第二轮"双一流"建设,成为深圳首所跻身"双一流"的本土高校,也成为中国最年轻的"双一流"高校之一,是高等教育发展"深圳速度"的生动体现。[③]

这样的"强互动"还体现在地方政府与社会的关系上。广东省高等教育的改革发展,主要依靠政府、高校和社会的合力推动,通过调动"政—产—学"等各方积极因素,实现高等教育发展的整体推进,各级政府从未缺位,对高等教育的"放管服"日益精准,为高等教育提供支持和条件保障;而高校作为办学主体,是地方高等教育跨越式发展的具体执行者,行业、企业加强与高校合作,大力推进产教融合,高校周边的公共设施设备尽量配合高校特殊需要,杰出企业

---

① 蒋飞,李相龙.广东经济分析报告[EB/OL]. https://finance.sina.cn/zl/2022-08-08/zl-imizmscv5290776.d.html?vt=4&cid=79615&node_id=79615,2022 - 08 - 08.

② 陈先哲.城市竞争阶段升级与高等教育发展战略转型:深圳案例[J].高等教育研究,2020,41(09):25 - 31.

③ 孙颖,韩文嘉,刘越亚.南方科技大学:先行示范 探索新型研究型大学之路[N].2022 - 10 - 16(08).

家和校友也为高校提供捐赠支持,行之有效的治理系统实现了高等教育与社会的持续互动。①

（二）高位发展与低位发展两手抓

广东通过短期、中期、长期目标综合进行战略布局。什么时期部署什么层次的大学,哪些大学应瞄准一流研究型高校,哪些高校应注重大众化教育服务地方发展,广东都给出了明确的方案。比如南方科技大学着力打造一流新型研究型大学,聚焦科技创新、创新人才培养和创新创业支持支撑区域发展,取得了瞩目成绩;另一类高校,如东莞理工学院则完全是以服务地方经济发展为宗旨,以培养高水平应用型人才为目标,通过产学研深度合作引领地方产业创新。

2021 年 11 月 1 日,广东省人民政府公布教育发展的"十四五"规划,对全省的教育综合实力、整体竞争力与国际影响力提出了领先全国的要求,深入实施"冲一流、补短板、强特色"提升计划。其一,加快推进"双一流"建设。第二轮"双一流"计划,广东高校共有 8 所院校 21 个学科入选,其中华南农业大学、广州医科大学和南方科技大学为新增入选高校,占据本轮"双一流"新增 7 所高校的近一半,凸显广东高等教育质量的提升。其二,高起点高标准建立一批新大学。教育发展"十四五"规划提出了高标准建设深圳理工大学、深圳海洋大学、深圳创新创意设计学院、广州交通大学等一批新院校的目标,着力建设一批与 5G、人工智能、网络空间科学与技术、生命信息与生物医药、海洋经济、智能经济、大健康等主体产业发展密切相关的高水平国际化高校,打造协同育人、科研和服务于一体的新型智慧中心,培养与产业需求结合的具有国际竞争力的人才,推动高等教育创新发展。②

冲击一流的同时,广东十分重视建设"必需"和"有用"的高等教育。广东以"必需"原则为指导,紧密关注高等教育的实用性价值,加快推进粤东西北欠发达地区高校(校区)建设,全省高校由 2012 年的 138 所增至 2021 年的 160所,实现 21 个地级以上市本科、高职院校全覆盖;完成 13 所独立学院转设,极

---

① 　许建领.地方高等教育跨越式发展研究:以深圳高等教育为例[J].中国高教研究,2022(04):9-15.

② 　吴少敏.广东发布教育发展"十四五"规划　5 年推动 6 所大学进入国家"双一流"[N/OL]. https://news.southcn.com/node_54a44f01a2/19d6a69d06.shtml,2021-11-02.

大填补了普通高等教育资源的缺口。① 同时，根据"有用"原则，调整学科发展的重心——早在 2015 年，广东省就提出了"高水平理工科大学建设计划"，2016 年广东省委、省政府发布了《关于加强理工科大学和理工类学科建设服务创新发展的意见》文件，其中明确了 2020 年全省理工类大学生占比应达到 47％的目标，这些探索行动都早于 2017 年教育部发布的《关于开展新工科研究与实践的通知》以及提出的"新工科"理念。② "一流""必需"和"有用"的指导原则是广东高等教育实现高位和低位并行发展的基础，从而满足经济社会的高层次和基本教育需求。

（三）形成地区内竞争子系统以实现外部竞争

广东高等教育竞争力的整体提升离不开地区内形成的竞争系统。首先是中心城市引领办学热潮，推动城市高等教育的发展。20 世纪 80 年代，随着省级以下第三级地方政府（俗称"中心城市"）公共财力逐渐增强，广东突破计划经济时代中国高等教育由中央（各部委）和省两级管理、两级举办的体制，率先掀起中心城市办大学热潮——1983 年 1 月，深圳市委、市政府向广东省委、省政府提交了《关于创办深圳大学的报告》，1983 年 5 月 10 日，经国务院、教育部批准，成立深圳大学。③ 广东相继创建了广州大学、五邑大学、佛山大学等 11 所城市大学，掀起中国特色的"城市大学运动"。这些大学的办学思想、办学方针、人才培养模式等都是"面向地方、服务地方"的，为地方经济社会发展培养了急需人才。其次，从整体到局部，构建多级战略。1994 年 11 月，广东省委、省政府《关于教育改革和发展的决定》提出建设"教育强省"的战略目标，尽管同时期已有福建等多个省份同步提出"教育强省"战略，但广东将这一宏大的战略具体分解为"教育强市""教育强县（区）""教育强镇"等多级战略，并率先升级为"教育现代化"战略。④ 这种城市、县区和乡镇层面的多级战略有助于全面系统推进教育改革，确保各级地方政府都能够有效实施教育发展计划，同一

---

① 朱孔军.建设广东特色高质量教育体系［EB/OL］. http://www.moe.gov.cn/jyb_xwfb/moe_2082/2022/2022_zl21/202207/t20220729_649553.html, 2022 - 07 - 29.
② 陈伟.省域高等教育的中国式现代化探索：以广东为例［J］.教育发展研究,2023(01)：41 - 50.
③ 陈先哲.高等教育从改革开放中汲取发展力量［N］.中国教育报,2021 - 11 - 04(06).
④ 陈伟.省域高等教育的中国式现代化探索：以广东为例［J］.教育发展研究,2023(01)：41 - 50.

层级高等教育的发展也有助于带动高等教育整体水平的提高。

第二节　河南省：由大向强转型升级

河南省的高等教育起步比较晚,经过多年的发展,已经发生了翻天覆地的变化,成为全国高等教育的重要组成部分。截至 2022 年,河南省共有 50 多所本科高校,研究生培养机构 27 处,全省硕士学位授权高校 19 所,其中,博士学位授权高校 10 所,全省高等教育毛入学率 55.5％,实现了从"大众化"向"普及化"的历史性跨越。[①] 然而,河南省的高等教育发展还比较不平衡,高等教育的发展还不能完全适应河南从农业大省向工业大省和经济强省跨越的迫切要求,相对于一些高等教育强省,其发展水平还有一定的差距。进入高质量发展时期,河南高等教育不再单纯地追求规模扩张,而是更加注重教育质量和人才培养能力的提升。河南开始加大高等教育的质量建设力度,在提高教学质量、加强科研能力、推进国际化发展等方面的同时,也大力加强优质高等教育资源供给,提升高等教育服务能力,力争实现高等教育由大到强的转型升级。

一、高等教育发展的社会经济环境

河南是我国中部地区的重要省份,也是我国的人口大省、农业粮食大省和经济大省。河南高等教育经历了长期的积累和发展,其优势和劣势都十分明显,与本省的社会经济条件密切相关。具体而言,人口、地理、经济、文化等方面的现实背景给予河南多样的发展机会和一定的限制。

其一,人口优势和制约。河南省位居中国人口最多省份前列,也是我国首个人口过亿的省份,其中包括大量适龄青年人口,这为高等教育的发展提供了充足的学生资源。河南省有着广泛的生源基础,高等教育发展的人力资源较为充沛,不过,庞大的人口规模也会对高等教育的发展产生不利影响。河南省高校招生规模巨大,河南每年有近百万的高考生源。然而河南考生"有学上"

---

① 注：数据来源于 2022 河南省教育事业发展统计公报.

"有好学上"的现实指标却普遍低于全国平均水平,高考竞争十分激烈,优质教育资源的匮乏也导致河南省人才严重流失。①

其二,地理条件和限制。河南省地处我国中原地带,陇海、京广两大干线在此相交,郑州铁路枢纽沟通了东西南北数十个省市,开封、洛阳、安阳、新乡等城市也都是重要的交通枢纽和商贸中心;不过相对于东部沿海地区,河南省地处内陆,地理位置较为偏远,一定程度增加了区域间高等教育交流和联系的成本。纵使中原都市群已经形成,但受限于其北靠"津京冀",南邻"长三角",东接"山东半岛"的尴尬地理位置,当地人才吸附能力仍不高;随着以郑州为核心的"米字型"高铁网的日趋完善,更加快捷便利的交通在一定程度上反而为毕业生的外流提供了便利。②

其三,经济发展与不足。近十年,河南生产总值连续跨越3万亿、4万亿、5万亿元台阶,从2012年的2.98万亿元,增长到2021年的5.89万亿元,居中西部首位,已经成为名副其实的经济大省;同时河南也开启经济发展从高速增长向高质量发展的转型,以深刻的结构调整实现典型资源型产业结构向创新、技术驱动的转变。③ 河南现已成为中国经济增长最快的省份之一,高等教育投入也相应增加,然而,与我国平均水平和其他省区相比,河南高等教育对经济增长速度的贡献率偏低——1996—2003年,我国教育对经济增长的贡献达到20.38%,其中高等教育的贡献为3.35%;河南省2005—2010年教育对经济增长的贡献仍远远低于国家十年前的水平,甚至低至十年前全国平均值的三分之一。④ 产业升级也没有解决人才流失问题,反而增加了人才缺口。《2019年第二季度河南全省公共人才服务机构才市分析报告》指出,随着河南省产业结构不断升级发展,尤其是数字经济、智能经济、现代农业、5G等领域增速较快,这些新兴岗位缺人明显。⑤ 可见,河南省高等教育事业发展与经济社会需求还

① 来俊军.河南高等教育高水平发展略论[J].河南社会科学,2008(05):164-166.
② 梧桐果.毕业生流失率近7成,"中原都市圈"下,河南为何难留人?[EB/OL].https://k.sina.com.cn/article_5896969764_15f7c9e2400100kgpp.html,2019-09-26.
③ 王宇.10年间,河南GDP为何能跨越3万亿"大关"?[EB/OL].http://www.ha.chinanews.cn/news/hncj/2022/0831/43882.shtml,2022-08-31.
④ 董星.河南省高等教育与经济协调发展的实证研究[J].教育评论,2014(09):132-134.
⑤ 邢海玲.河南:着力破解缺人才难题[EB/OL].https://www.sohu.com/a/342710070_124738,2019-09-23.

不相适应,教育供给还不能很好地满足群众需求,服务经济的能力有待增强,实现人力资源大省向人力资源强省转变的任务还非常繁重。

二、高等教育竞争力的演变历程

河南省高等教育竞争力的发展大致经历了三个阶段。

(一) 第一阶段(1949—1977):大起大落、发展摇摆

新中国成立后,随着第一个五年计划的展开,我国教育事业纳入了计划发展的轨道。根据"有计划、按比例发展"的要求,高等教育规模迅速扩大,河南省在 1949 年仅有高等学校 1 所,1956 年的高等学校数、招生数和在校生数分别是 1949 年的 7 倍、5.7 倍和 12 倍。1958 年 9 月,中共中央、国务院发布《关于教育工作的指示》,提出了"争取在 15 年左右的时间内,基本上做到使全国青年和成年,凡是有条件和自愿的,都可以受到高等教育"的奋斗目标。在此影响下,河南省 1958 年的高等学校数量达 42 所,招生数和在校生数达到 0.88 万人和 1.52 万人,1960 年猛增到 1.41 万人和 2.99 万人,这样的高速度显然有悖于高等教育发展的客观规律。从 1961 年开始,根据对国民经济实行的"调整、巩固、充实、提高"的方针,河南省也对高等教育事业进行了相应调整,至 1965 年,招生 0.37 万人,在校生 1.40 万人,基本上改正了冒进、急躁的错误。

这一阶段虽然招生人数大起大落,但因总体规模较小,在这一时期仍呈现高速发展的态势。1954 年,河南唯一的综合性大学河南大学被拆分瓦解,一些院系迁至外省,加剧了河南优质高等教育资源的短缺局面。在高等教育布局上,全国院系调整为河南带来一定机遇,但由于多重历史因素,河南错过了一些重要的发展机会。比如,1954 年高等教育部报请国务院批准,将沿海某些高等学校内迁和增加新的专业,①当时决定把山东大学迁往河南郑州,然而,教育部之后经过审慎研究,最终决定不迁校,改为由山东大学派人帮助郑州筹建一所新的大学,给以师资支援。② 类似的事件后续还不断发生,1969 年和 1970

---

① 山东大学校档案馆.山东大学大事记:1901—1990[M].济南:山东大学出版社,1991:118.
② 山东大学校史编写组.山东大学校史:1901—1966[M].济南:山东大学出版社,1986:200-201.

年,中国地质大学(当时的北京地质学院)与中国科技大学基于中央文件"在京高校外迁"的要求意欲迁往河南,受制于地形、粮食不足、经济困难等多项问题,河南省婉拒了迁校提议。由于种种历史原因,河南优质高等教育资源匮乏的局面一直未得到改善。

(二)第二阶段(1978—1998):宏观控制、步调趋缓

改革开放伊始,中央召开了十一届三中全会,同年中央又召开了全国教育工作会议,邓小平同志和其他领导同志做了关于发展教育工作的讲话。之后,邓小平同志在许多重要会议上多次阐述教育在经济和社会发展中的战略地位与作用。1982年9月党的十二大召开,提出要把教育放在优先发展的位置上。为此,1983年4月28日,国务院批转教育部、国家计委《关于加速发展高等教育的报告》,提出要尽可能持续、稳步地加快高等教育的发展。同年10月,邓小平同志发出了"教育要面向现代化,面向世界,面向未来"的指示,党中央也提出迎接新技术革命挑战的决策,高等教育发展得到更多政策机遇。

配合国家宏观部署,河南高等教育规模不断扩大,1983年当年即招生达1.65万人,比上年增长21.3%,到1985年招生达2.67万人,3年平均递增25.7%。[①] 从1986年开始,根据人才需求预测,加上毕业生分配难等问题,河南省贯彻《中共中央关于教育体制改革的决定》,转而开始控制招生,放慢了高等教育的发展速度,直至1991年,河南省基本保持2.4万~2.7万人的招生规模,保持了6年基本稳定不变的局面。从提高高等教育质量方面,根据国家教委的部署和本省实际情况,河南省从1988年开始,对1978年以来新建的办学条件达不到国务院颁布的《普通高等学校设置暂行条例》规定标准的学校进行充实整顿,在深入调查研究、逐项了解摸底的基础上,确定了13所学校为重点整顿对象。经过4年努力,各校整顿取得较为显著成效,用于改善办学条件的投资达1亿多元,新建校舍面积8万平方米,新增图书50余万册,新增教学仪器设备价值3 000余万元。1992年,河南省普通高校充实整顿工作顺利通过国家教委的检查验收。[②]

---

① 陈国维.高等教育发展的规模和速度研究[M].郑州:河南人民出版社,2000:21.
② 王日新,蒋笃运.河南教育通史[M].郑州:大象出版社,2004:294.

　　整体而言,这一阶段河南高等教育事业取得一定发展,但就满足社会发展需求来说,由于河南省高等教育规模和层次等因素存在缺陷,其与社会发展需求还存在着一定的差距。河南省经济发展的相对落后和对高等教育长期的低投入是制约河南省高等教育发展的重要因素,无论是按生均教育事业费,还是按生均教育公用经费计算,河南省都处于全国较为落后的位次;高等教育层次结构欠合理更加制约了河南省高等教育竞争力发展——历史原因造成了在河南省高等教育的层次结构中重点大学这一层面的严重稀缺,到1996年全省才仅有郑州大学一所高校通过国家"211"工程审核,且仍以省级财政的投入为主,因此河南高等教育在培养高层次优异专门人才方面遇到较大的困难。[①]

　　(三)第三阶段(1999至今):政策引导、发展迅速

　　随着全国1999年高校扩招的开展,河南普通高校招生规模得到扩大,涉及专科、本科以及研究生各个层次。1999年的招生人数比1998年增加了2.89万人,增速达57%;随后几年招生规模平稳扩大,直至2004年河南高校再次大规模扩招,招收人数增速也从15%增长到44%,当年河南高校数量增加11所,毛入学率达到16%,河南进入高等教育大众化阶段。[②]此外,这一阶段也是河南经济飞跃发展的关键时期。2003年,河南省人民政府提出"中原崛起"的目标,随后在2004年,该目标被上升为国家战略。这一战略的实施使得河南省的经济规模迅速扩大,产业结构逐步得到调整优化,工业化进程明显加快,全省的经济社会生活呈现出令人瞩目的发展势头。即使在2008年全球经济危机的大背景下,河南地区的生产总值增速也达到了10.7%,超过全国平均水平的8.7%。[③]之后几年,河南省的经济增速一直保持在全国平均水平之上,经济总量稳居全国第五位,成为中西部地区的经济领头羊和我国重要的经济大省。

　　"中原崛起"国家战略的实施助推经济快速发展,为高等教育提供了物质基础和坚实保障,高等教育竞争力得以迅速提升。2012年,教育部和河南省人

---

① 张国祥.河南省高等教育发展战略研究[M].郑州:河南人民出版社,1999:11.

② 注:数据来源于《河南统计年鉴1998—2006》.

③ 河南2009年GDP数据出炉增长10.7%,比全国高2%[N].东方今报,2010-01-23.

民政府签署《加快河南教育发展推进中原经济区建设战略合作协议》,指出河南优先发展教育的重要性,重点支持河南全面提升高等教育服务中原经济区建设的能力,为高等教育发展提供政策支撑。为了进一步促进高等教育与经济社会发展相结合,提升高等教育的服务能力,河南省采取了"一增一减"措施,即优化学科专业结构,新增本专科专业点 345 个(其中社会急需紧缺专业占 80%);缩小招生规模,2014 年的高校招生计划与高校前三年毕业生就业率挂钩,以此压缩就业率偏低专业的招生计划,共计了缩小了 19 所高校的招生规模;同时,积极推动高校协同创新中心建设,15 所高校与企业共建 26 个产业集聚区工程研发创新平台,合作项目协议资金达 30 多亿元,通过校地、校企合作,实现多项科技成果转化,服务经济社会发展。[①] 2023 年,凭借 12 所高校的增量,河南高校数量一举达到 168 所,超过广东(162 所),成为全国高校数量第一省(见图 4-2)。

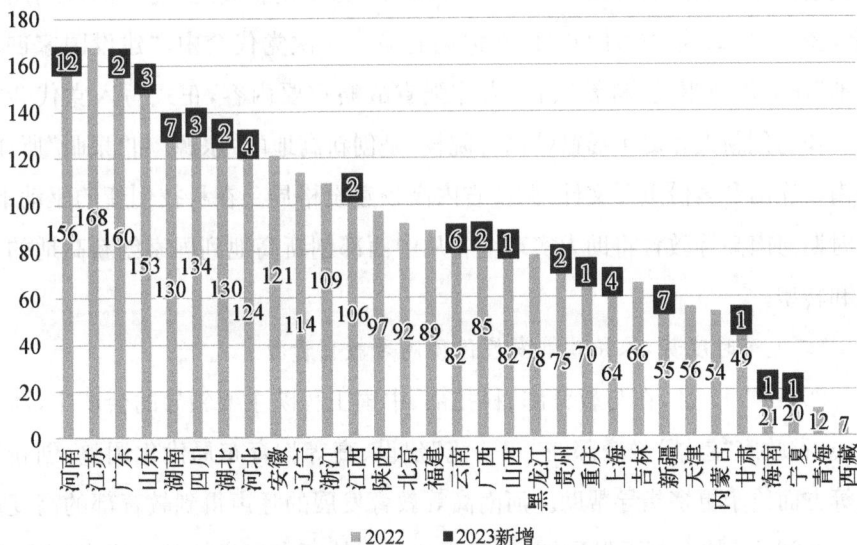

图 4-2　2023 年全国各省高校新增情况

资料来源:根据教育部《全国高等学校名单》统计。

---

① 惠婷.河南:"一增一减"提升高等教育与社会融合度[EB/OL]. http://www.gov.cn/xinwen/2015-02/14/content_2819626.htm, 2015-02-14.

三、高等教育竞争力的发展特点

(一)打造优势,找准机遇积极发力

近年来,河南省瞄准机遇打造新优势,"科技创新"与"高等教育"成为发展热词。从 2020 年开始,河南省政府工作报告已连续两年明确将"创新"摆在核心位置。2021 年新一届河南省委班子履新之后,采取了密集行动积极推动科技和高等教育的创新和改革。2021 年 6 月 11 日,新任河南省委书记楼阳生主持召开河南省委常委会会议,首次提出"努力打造全国创新高地";2021 年 7 中旬,河南省先后两次赴科技部汇报省部会商有关议题,争取科技部在国家区域创新中心、国家实验室、技术创新中心等高能级平台及国家高新区等创新载体建设方面给予支持;2021 年 9 月,河南省委工作会议部署实施"十大战略","创新驱动、科教兴省、人才强省"战略被放在首位;2021 年 9 月,河南省科技创新委员会宣布成立并召开第一次会议,明确了"国家创新高地"建设的规划图和路线图。① 2021 年 10 月 26 日,在河南省第十一次党代会中,"建设国家创新高地"作为创新驱动、科教兴省、人才强省战略重要内容,正式写入党代会报告。作为创新人才诞生摇篮的高等院校,是创新高地的"水源"和"泉眼"所在,河南接连出台多份重要文件,调整省内高校建设格局。在科技创新的驱动下,新时期河南高等教育将助力实现全省从中西部创新高地到国家创新高地的升级和转型。

(二)审时度势,依托政策发展优质高等教育资源

2021 年 11 月,在与教育部、科技部、中国工程院主要领导的会谈中,河南省委、省政府"恳请"教育部在"双一流"建设、高等教育布局优化调整、创新发展等方面给予更多指导帮助。河南高等教育发展的呼声得到教育部的高度重视。2022 年,教育部下发通知,明确提出要支持河南省高校基础能力建设,加强河南大学、新乡医学院、河南科技大学等 7 所高校的师资队伍建设,深化教育教学改革,办出特色、争创一流;此外,在第二轮"双一流"建设取得成绩(河

---

① 程晓玲.急了,河南真的急了! [EB/OL]. http://www.nbd.com.cn/rss/zaker/articles/2073134. html, 2022-01-25.

南大学和郑州大学有 4 个专业成功入选"双一流"学科专业)的基础上,支持河南省政府加大对新一轮"双一流"建设的投入力度,尽快提高河南高等教育发展和建设水平。[①] 河南省政府审时度势,利用国家的支持政策加快发展优质高等教育的步伐。自"双一流"建设工程开展以来,河南省政府积极响应,出台了一系列支持"双一流"建设的政策,综合构建起资金、人才、项目、平台等全方位的"双一流"建设支持体系,特别是明确了"十四五"时期将投入 130 亿元专项支持郑州大学、河南大学两所"双一流"建设高校以及河南理工大学、河南农业大学、河南科技大学、河南师范大学、河南工业大学、华北水利水电大学、河南中医药大学 7 所高校的 11 个学科开展一流学科创建工作,培育"双一流"第二梯队。[②] 在优化高等教育布局结构方面,河南省立足"十四五",面向 2035 年,在高校层次、科类、区域布局等方面进行统筹谋划,着力推进高水平研究型大学建设、做优做强理工科学校、弥补本科学校科类短板、完善高等学校区域布局,重点推进电子、航空、工程、医药、体育艺术等高水平本科学校筹建,最大限度增加本省的优质高等教育资源。[③]

（三）外部引进,内部培育高端人才

近年来,位于内陆腹地的河南,抓住中部崛起战略机遇,不断迈向开放高地,发展加速度带来人才需求的高增长。河南省经济总量稳居全国前列,但人才比例与本省经济和人口总量并不相适应,一边是人才流失,另一边是人才缺口。随着河南省产业结构不断升级发展,尤其在数字经济、智能经济、现代农业、5G 等领域增速较快,目前新兴岗位缺人明显,供给不足。[④] 2022 年河南省省长王凯作政府工作报告,强调引育人才,包括:加快已接洽高层次人才的引进步伐,加大柔性用才、项目引才力度,整合省级重大人才项目,建立高端人才举荐制度;强化本土高层次人才培育,新建 20 家中原学者工作站,培育中原学

① 河南省教育厅.积极支持河南省设立高等学校! 教育部最新回复[EB/OL]. https://henan.sina.cn/news/z/2022-09-27/detail-imqqsmrp0618833.d.html?vt=4&cid=56303&node_id=56303,2022-09-27.

② 河南省教育厅.河南:将投入 75 亿资金支持郑州大学、河南大学"双一流"建设[EB/OL]. https://news.eol.cn/yaowen/202111/t20211108_2172679.shtml,2021-11-08.

③ 南阳发布.今年河南高等教育将这样发力[EB/OL]. https://m.thepaper.cn/newsDetail_forward_21732254,2023-01-30.

④ 章正,王胜昔.河南:着力破解缺人才难题[N].光明日报,2019-09-22(01).

者、中原领军人才 150 人,加强院士后备人选培养,新设博士后流动站不少于 20 个;创优人才发展环境,完善职称评聘、绩效分配等激励机制,强化子女入学、住房、医疗等服务保障,广聚天下英才而用之。^① 值得一提的是,河南省对人才引育另辟蹊径,与经济发达的外省相比,河南省认识到人才政策单纯"拼钱"并不占优势,因此打出"感情留人"的人才牌,不仅停留在口号上,而且拿出更好的平台,重点吸引河南籍的人才回归。^② 与此同时,"智汇郑州""河洛英才计划""鹰城英才计划"等河南地方人才等政策纷纷出台和落地,为河南经济社会发展提供了强有力的人才和智力支撑。

第三节　山西省：提质增效突围困境

作为中国历史文化名省之一,山西省拥有丰富的文化遗产和深厚的人文底蕴。不过在高等教育领域,山西发展却一直相对滞后,面临诸多挑战。近年来,山西省积极探索改革之路,全力推动这一资源型省份经济结构调整和转型升级。高等教育的发展和提升将为其经济社会发展提供强大支撑,高等教育提质增效是山西省整体发展的重要战略举措。在整体改革的部署下,山西省高等教育近年来取得令人瞩目的成就,为山西省乃至全国的高等教育事业注入了新的动力和活力。

一、高等教育发展的社会经济条件

山西省高等教育既有优势,又面临挑战,具体包括以下三个方面:

其一,高等教育历史资源较为丰富。作为一个历史悠久的文化名省,山西省自古就是文化繁荣的中心之一,这也使其形成了独特的教育资源和鲜明的办学风貌。随着现代教育的发展,山西省的高等教育逐渐走上了规范化、现代化的道路。1902 年,山西大学的前身——山西大学堂的创建标志着山西高等教育的正式开端;作为中国最早的三所国立大学堂之一,山西大学堂与京师大

---

① 河南省人民政府.政府工作报告[EB/OL]. https://dsj. henan. gov. cn/2022/01-11/2380700. html, 2022 - 01 - 11.
② 章正,王胜昔.河南:着力破解缺人才难题[N].光明日报,2019 - 09 - 22(01).

学堂(现北京大学)、北洋大学堂(现天津大学)一道开启中国高等教育新纪元。山西大学、太原理工大学等历史名校为山西的高等教育积累了丰富的经验,打下了坚实的基础。

其二,地理环境相对闭塞。相较于中部省份和沿海地区,山西省位于中国的北部内陆地区,地处黄土高原腹地和太行山脚下。很长一段时间内受制于交通条件,山西省与周边地区的交流和联系有所不便,区域内外的交流合作受限,更难以吸引和留住人才,相对闭塞的地理环境一直是山西高等教育发展面临的一个主要挑战。

其三,产业模式亟待升级。山西省作为中国重要的能源基地,经济发展主要依赖于传统的能源产业,如煤炭、煤化工等,而这些传统产业受到了环保政策和经济转型的双重压力,发展相对滞后。此外,新兴产业的发展相对较慢,对经济的拉动作用有限。产业模式和高等教育相互影响、相互制约,传统产业模式的陈旧导致山西的经济结构单一、产业链不完善,缺乏新兴产业的支撑和动力。经济滞后直接影响了高等教育的发展和活力,特别是对于地方高等教育,地方经济落后,高教经费有限,无法给高等教育提供良好支撑,反过来又限制了产业模式转型升级和智力供应。2017 年起,山西开始积极探求资源型经济转型,之后经济增速有所回升,韧性强于全国。2022 年山西省经济总量为 2.56 万亿元,在全国除港、澳、台的 31 个省级行政区中排第 20 位;2023年上半年山西省 GDP 同比增长 4.7%,两年平均增长 4.9%,快于全国平均增速 0.9 个百分点。[①] 可以说,山西高等教育经费投入受制于经济水平,而随着全省产业升级的逐步推进,在经济发展带动下,山西高等教育也将迎来新的发展机遇。

二、高等教育竞争力的演变历程

近代初期,山西的高等教育已开始萌芽。1902 年,山西大学堂成立,标志着山西高等教育的正式开端。山西大学堂是山西省最早的高等学府之一,为

---

① 蒋飞.山西经济分析报告[EB/OL]. https://finance.sina.cn/zl/2023-09-22/zl-imznqnyi5496628.d.html?from=wap, 2023 - 09 - 22.

山西的高等教育奠定了基础。20 世纪中叶至 20 世纪末,山西的高等教育受到了社会动荡和政治运动的影响,发展较为曲折,随着改革开放的深入推进,山西高等教育进入了新的发展阶段。

(一)第一阶段(1949—1977):基础动摇、迅速滞后

1949 年新中国成立之初,山西省仅有山西大学一所高等学校。山西大学名义上设有文、法、工、医四个学院,然而实际在校学生仅有 528 人,长期的战乱导致校舍严重受损,学校设备简陋,基础设施十分薄弱,办学条件十分艰苦。[①] 1951 年,山西铭贤学院从四川成都迁回山西太谷县设为独立的山西农学院,设有农艺系和畜牧兽医系两个系及附属农业技术学校。全省两所高校当年共有在校本科生 1 326 人,专科生 209 人,高校教职工 628 人。每万人口中大学生数由 1949 年的 0.4 人提高到了 1.3 人。[②] 1952 年,在中央政府的统一计划下,全国高等教育展开了包括院系调整为重要内容的制度改革,根据这一部署,山西省也进行了较大规模的院系调整。1953 年 5 月 29 日,山西大学接中央人民政府高教部、教育部公函指示,工学院、师范学院整合了相关专业,分别独立建院,财经学院并入中国人民大学,一所学科门类齐全、规模宏大的综合性大学被调整分解为多个专门学院。[③] 经过全国领域的高等教育院系调整,截至 1953 年底,山西省的高等院校增加了 2 所,一共 4 所,而且均为专门学院,学科门类相对减少,办学力量被大大削弱,其最直接的影响就是造成了山西省几十年来没有产生一所国家级的重点大学,使全省高等教育的发展相对其他省份缓慢。[④] 十年动乱使得全国高等教育系统遭受重创,山西省的高等学府也受到了同样的影响,高等教育发展全面停滞,原有的近代高等教育基础也遭受了严重破坏,可以说,从院系调整之后,山西高等教育竞争力迅速下降,为后来高等教育的提升与发展留下了重重困难。

---

① 赵存存,柳春元.五十年代初山西高等教育的"院系调整"及其影响[J].高等教育研究,2002(03):102 - 105.

② 赵存存,柳春元.五十年代初山西高等教育的"院系调整"及其影响[J].高等教育研究,2002(03):102 - 105.

③ 行龙.山大往事[M].北京:商务印书馆,2017:193.

④ 赵存存,柳春元.五十年代初山西高等教育的"院系调整"及其影响[J].高等教育研究,2002(03):102 - 105.

（二）第二阶段（1978—2006）：缓慢发展、提升有限

改革开放以后，尽管山西省经济和高等教育有所发展，但发展速度并不快。由于 1949 年新中国成立初期的基础过于薄弱，加之社会经济条件的限制，山西省高等教育在很长一段时间并没有起色，竞争力始终远远落后于其他中西部地区。

1999 年，高等学校开始扩大招生规模，我国高等教育进入快速发展阶段。尽管山西省抓住机遇，积极扩大高等教育规模，1999 年招生 41 180 人，比 1998 年的 24 090 人增加了 70.94%，[①]但必须直面的事实是，直到 21 世纪末，山西的高等院校同全国的多数省份相比，仍然数量偏少，水平也不高。就数量而言，1999 年全省高等院校 31 所，即使不与北京、上海、浙江等经济发达省市比，仅仅和内陆陕西等省份比，差距也很大。随之而来的是高等教育人才培养规模受到影响，大学生数量占人口总数的比例极低，直接影响到劳动者素质的提高和经济社会的可持续发展。此外，办学水平低。山西 31 所院校中没有一所全国重点大学，截至 1999 年，尚无国家级重点学科，博士点共 17 个，不及北京、上海等地一所重点大学的博士点总数，师资层次也很低，博士生导师仅 74 人，更没有院士等杰出学者。[②]

面对高等教育竞争力长期落后的发展颓势，山西省采取了一系列举措。2004 年初，省政府办公厅下发了《山西省高等教育强校工程实施意见》，省教育厅研究制定了《山西省高等学校特聘教授岗位聘任办法》《山西省高等学校中青年拔尖创新人才和优秀创新团队遴选办法》《山西省高等学校青年学术带头人遴选办法》《山西省高等学校青年骨干教师培养办法》《关于实施精品课程建设工作的意见》《关于做好普通高等学校本科专业教学工作评估和建设品牌专业的通知》等系列配套实施办法，"高等教育强校工程"全面启动。[③] 多重举措加快山西省高等教育重点建设工作。2004 年，山西省高校新增一批博士点、硕士点，新增 13 个省重点学科、15 个省重点建设学科、7 个省重点扶持学科、2 个

① 王李金，李培凤.山西高等教育 60 年的成就与启示[J].前进,2009(10)：14-17.
② 王喜平.山西高等教育的现状与对策[J].晋阳学刊,1999(06)：27-30.
③ 刘月琴，侯文一，张湘滔.山西省教育[EB/OL]. https://www.edu.cn/edu/jiao_yu_zi_xun/nian_jian/nj2005/nj05_23/200911/t20091124_424078.shtml, 2009-11-24.

省级重点实验室、8 个省级工程研究中心和 6 个省人文社科重点基地,遴选出一批优秀创新团队、中青年拔尖创新人才、青年学科带头人和教学名师,山西大学彭方墀教授当选中科院院士、太原理工大学谢克昌教授当选为中国工程院院士,获国家级大奖十余项,一批高校科技成果完成转化,直接应用于企业生产。[①]"高等教育强校工程"为山西省高等教育发展打了一剂强心针,但是相对全国来说,山西省高等教育竞争力发展仍较为缓慢,提升有限。

(三)第三阶段(2007 至今):调整优化,加快升级

2007 年党的十七大报告明确提出了提高高等教育质量的重要目标,旨在推动全国高等教育由规模扩张向质量提升转变,实现高等教育强国的目标。山西省积极响应国家政策,根据教育部的部署,结合本省实际情况,进一步推进"高等教育强校工程",着力提升高等教育的教学质量和办学水平。2010 年7 月 29 日,省委书记袁纯清在全省领导干部大会上提出"以转型发展为主线,以跨越发展为目标,推动又好又快发展,在中部崛起和全国竞相发展格局中再造一个新山西"的战略构想,政府相继出台了一系列重大改革政策措施,积极进行改革和产业结构调整——煤炭资源整合和煤矿兼并重组,煤炭产业的规模化、集约化水平明显提高,并积极抓住国家将山西列入循环经济试点省份和资源型经济转型综合配套改革试验区的历史机遇,确定了 20 家省级工业循环经济试点企业、4 个省级工业循环经济试点园区,开启循环经济发展之路。[②]

经济转型需要与高等教育领域联动。山西省政府加快高等教育建设,积极推动高等教育提质升级。为拉动山西高等教育发展,更好助推山西经济转型发展和社会全面进步,2017 年,山西省委、省政府启动实施"1331 工程"重大战略,持续推动三个优化调整,统筹推进"双一流"建设,促进高等教育振兴崛起。全省高校坚持内涵发展,面向转型发展主战场,强化学科专业建设、产教融合、校企合作,高校服务当地经济社会发展成效初显。目前,山西省共有普

---

① 刘月琴,侯文一,张湘滔.山西省教育[EB/OL]. https://www.edu.cn/edu/jiao_yu_zi_xun/nian_jian/nj2005/nj05_23/200911/t20091124_424078.shtml,2009 - 11 - 24.

② 王运丽,赵晓明.转型发展形势下的山西高等教育[J].山西煤炭管理干部学院学报,2012(04):165 - 167.

通高等学校 83 所,在校生 100 万人,专任教师 4.26 万人;现有国家"双一流"建设高校 2 所、建设学科 3 个,A 类学科 3 个;博士学位授予单位 8 个,硕士学位授予单位 12 个;全国重点实验室 5 个(含省部共建),教育部重点实验室、工程研究中心、协同创新中心等科技创新平台 37 个;拥有两院院士 6 人,全省高校获国家自然科学基金项目与经费占全省总数 90％以上,获省科学技术奖一等奖占总数 60％以上,有效专利拥有量超过了全省的 35％。[①] 尤其是近五年,山西省高等教育竞争力提升显著,正在努力撕掉"高教弱省"的标签,在大学排名中体现得更为直观。如山西农业大学在软科中国大学排名中展现出的瞩目成绩——仅用短短 4 年时间,就从 2019 年的 343 名骤升至 2023 年的 219 名,大幅跃升 124 名,实现跨越式发展,这一成绩也是山西省高等教育整体实力不断增强的写照。

三、高等教育竞争力的发展特点

山西省高等教育的发展历程为其他省份提供了一份引人注目的竞争力升级指南。

(一)优化高校布局,凝聚发展合力

近年来山西省高等教育动作频繁,先行举措就是高校布局调整,旨在凝聚优质高等教育发展合力,推动高等教育竞争力整体提升。2020 年 9 月底,与山西省农业科学院合并组建后的山西农业大学将注册地变更为太原,正式跻身省会高校中的一员。之后,在临汾办学数十年的山西师范大学,也于 2021 年宣布将搬迁至太原办学,这是半年之内第二所从地市"挺进"省会的山西高校,而随着山西师范大学此次迁建,包括太原理工大学、山西大学、中北大学等在内的山西"老八校"全部落户省会太原。高校的集聚将带动人才、科技和文化等方面的集聚,促进人才培养、科技创新和产业升级,有利于省会形成更加完善的高等教育体系和产业生态,引领山西省经济转型和可持续发展。这一发展路径在其他省份也开始显现,比如位于开封的百年名校河南大学宣布启用

---

① 山西省人民政府新闻办公室.山西举行"山西加快转型发展"系列主题新闻发布会(第二十场)推进教育科技人才振兴专场[EB/OL]. http://www.scio.gov.cn/xwfb/dfxwfb/gssfbh/sx_13829/202310/t20231025_776142.html, 2023 - 10 - 23.

郑州校区;位于芜湖的安徽师范大学与合肥市政府达成合作意向,拟将肥西师范学校并入安徽师范大学,建为安徽师范大学合肥校区;由泰山医学院、山东省医学科学院、山东省立医院等整合组建的山东第一医科大学,也将主校区由泰安迁至济南等。① 高校布局调整,已经成为一些高教弱省汇聚人才和科创资源,做大省会、助推地方经济转型升级的共同选择。

（二）引导专项经费,保持高水平支出强度

在财政收入增长有限的情况下,山西省总体财政性教育经费保持稳步扩大的节奏,各级财政对教育投入保持了较高的支出强度。从总量来看,2022 年山西省一般公共预算教育经费投入 855.84 亿元,比上年增长 10.33%,增幅在全国排第 2 位。就高等教育领域来看,2017 年,山西省在全力加大对"1331 工程"投入的同时,安排了近 70 亿元政府债券资金用于置换高校债务,支持高校发展和"1331 工程"建设。② 2023 年山西省教育工作会议宣布,计划用 3 年时间安排 100 亿元左右专项经费,通过实施六大工程 20 项行动,支持高等教育内涵式发展,将支持山西大学、太原理工大学高标准推进"双一流"建设,支持中北大学、山西医科大学等高校的优势学科建设,打造冲击新一轮"双一流"学科梯队,年内安排 1 000 万元专项资金,大力支持大学生创新创业,力争打造中西部高等教育新高地。③ 为推进高等教育"百亿工程"实施,规范和加强支持"百亿工程"专项资金管理,2023 年山西省财政厅联合教育厅出台《高等教育百亿工程专项资金管理办法》,规定 2023—2025 年结合项目需求,统筹教育、科技和人才等各类资金 100 亿元,按 3∶4∶3 比例分年度给予支持,2024 年安排 40 亿元重点支持四方面工作:山西大学、太原理工大学"双一流"建设;中北大学、山西医科大学等博士学位授权高校取得"双一流"核心关键指标上突破;非博士学位授权高校开展高水平应用型科学研究和学科建设;实施"揭榜挂帅"项目,对人才团队、学科专业、平台载体、标志性成果方面表现突出的高校进行

① 城市进化论.山西,正在撕掉"高教弱省"标签[EB/OL]. https://36kr.com/p/1171313571022214,2021 - 04 - 06.

② 高耀彬,赵岩.在人才培养、科学研究和社会服务等领域全面发展:山西:"1331 工程"助推高教崛起[N].中国教育报,2019 - 04 - 13(01).

③ 赵岩.山西实施高等教育"百亿工程"[EB/OL]. https://www.chsi.com.cn/jyzx/202303/20230301/2262616566.html, 2023 - 03 - 01.

特别支持。不断扩大、跨越升级的经费投入反映了山西省政府对高等教育的高度重视和发展决心,从做好基本保障到提升质量、改善公平转变,为山西省加快建立高质量教育体系提供了坚实的财力支撑。

（三）推进内涵式发展,调整优化与非均衡战略两条腿走路

山西省推进高等教育内涵式发展,采取调整优化与非均衡发展两条腿走路的策略。一方面,推进高校学科资源的优化整合,主要针对学校布局、学科学院建设和专业设置的调整优化,促进高等教育办学效益和质量双提升。"三个调整优化"可谓一场"革命性"改革,山西省教育厅坚定决心撤销"不适应、低水平、过剩"专业,发布《山西省本科专业增设指南》,引导高校主动增设与省内战略性新兴产业和民生急需相关的学科专业,鼓励增设"新工科、新医科、新农科、新文科"专业和填补空白专业,超前布局服务于"14 个标志性引领性产业集群"。专业优化调整后,全省高校传统基础专业占比下降了 12 个百分点,而新兴应用专业提升了 10.2 个百分点,直接助益高等教育对经济社会发展贡献度和支持度。[①] 另一方面,实施非均衡发展战略,重点支持建设"双一流"大学。山西省独辟蹊径,采取了与省外世界一流大学合作共建的模式集中发力,瞄准山西大学、太原理工大学和中北大学,加快发展优质高等教育。2018 年,时任省长楼阳生代表省政府同北京大学校长林建华共同签署了《山西省人民政府——北京大学战略合作协议》,山西省将与北京大学通过战略咨询、科技合作、成果转化、人才交流等方式,进一步深化战略合作。随着《北京大学支持山西大学建设与发展实施方案》和《清华大学——太原理工大学深化合作协议》的签约,北京大学、清华大学对口帮扶山西大学和太原理工大学取得积极进展。2020 年 10 月,省委书记楼阳生率领山西省党政代表团前往北京,到访北大、清华等重点大学,推介山西大学、太原理工大学和中北大学,为三校招揽人才、推进合作。2021 年,《中共山西省委关于制定国民经济和社会发展第十四个五年规划和二○三五年远景目标的建议》中明确指出,支持山西大学、太原理工大学、中北大学建设"双一流"大学,中北大学与北大、清华也相继谈妥合作项目,深化

---

① 贾力军."一校一面"的山西实践：山西高等教育"三个调整优化"改革启示录[N].山西日报,2021 - 04 - 19.

与国内顶尖高校合作。

第四节　云南省：依托国际化 路径实现特色发展

　　云南处于祖国西南边陲，是一个地理位置十分特殊的省份，也是一个多民族聚居的多山省份，相对于中原地区，云南的地理、历史、民族、文化都显得与众不同；优越的气候条件，丰富的物质资源为云南带来广阔的开发前景和巨大的发展潜力。中央实施西部大开发战略，为云南将资源优势转化为经济优势，实现经济社会的振兴和繁荣，提供了难得的重大历史机遇。受制于横断山脉，尽管与缅甸、老挝和越南等国接壤而邻，云南与邻国的交流并不算频繁，一直到改革开放以后，情况发生了很大的变化，尤其是进入 21 世纪以来，云南省的对外开放程度迅速提高。随着中国—东盟自由贸易区的建设、西部大开发战略的实施和国家"一带一路"倡议的推进，云南省从内陆边疆省份逐渐成为我国面向南亚、东南亚改革开放的前沿窗口。云南省发挥独特地缘、血缘、文缘、学缘、经缘等优势和特色，近年来在教育国际交流与合作方面取得了明显成效，高等教育"走出去"与"引进来"整体发展态势良好，全省高等教育区域辐射力显著增强、竞争力明显提高。[①]

一、高等教育发展的社会经济环境

　　云南全省国土总面积 39.41 万平方千米，占全国国土总面积的 4.1%，居全国第 8 位。云南省地处我国西南边陲，是中国毗邻周边国家最多、边境线最长的省份之一。全省 8 个边境州市的 25 个边境县市，与 3 个邻国的 6 个省、邦，32 个县市、镇接壤，其中 11 个县市与邻国城镇隔江隔界相望，这样的特殊区位使云南成为我国南疆联结东南亚、南亚的重要对外"窗口"。

　　20 世纪 90 年代，国家为促进中、东、西部协调发展，提出了西部大开发战

---

① 唐滢,冯用军,丁红卫等.中国云南与东南亚、南亚高等教育国际化研究［M］.北京：社会科学文献出版社,2017：4.

略。地处西部的云南乘西部大开发的东风,抓住契机,以加快经济发展为核心目标,不断加大对基础设施建设的投资,致力于引进先进技术和专业人才,加快区域资源的开发和利用,推动科技创新和产业升级。得益于国家资金的支持和政策倾斜,云南省区域自主发展能力明显提高,全省经济社会发展取得显著成就,具备了进一步加快发展步伐、建设面向西南开放重要桥头堡的基础条件。[①]　近年来,云南在建设绿色经济强省、民族文化强省和中国面向西南开放的重要桥头堡的"两强一堡"战略中,公路、铁路、航空和水运网络日趋完善,初步形成通往东南亚、南亚国家的三条便捷的国际大通道,为地区对外开放提供了极大便利。在中国与东盟自由贸易区的建设中,云南省作为中国的西南门户,处于连接中国内地与东南亚的重要枢纽位置,成为贸易和投资的重要通道,为中国与东南亚国家之间的经济合作提供了便利条件。云南省与湄公河沿岸国家的地理接近性和历史联系为双方的经济合作提供了坚实基础,在大湄公河次区域经济合作机制(Greater Mekong Subregion Economic Cooperation,GMSEC)下,云南省积极参与区域内基础设施建设、贸易往来、旅游合作等领域,进一步加强了与湄公河沿岸国家的经济联系,促进了云南省的开放与发展。2013 年,共建"一带一路"倡议的提出为云南带来了新的定位和发展可能,助推其发挥独特的地理位置和区位优势,积极推进与周边国家的国际运输通道建设,打造大湄公河次区域经济合作的新高地,成为面向南亚和东南亚地区的重要辐射中心。

二、高等教育竞争力的演变历程

云南省高等教育起步较晚,新中国成立之后高等教育的发展主要集中在一些重点院校,如昆明理工大学和云南大学等,随着改革开放的深入,高等教育得到了更多的重视和投入,教育资源逐渐得到优化配置,高等教育竞争力有所提升。近年来,云南省着眼于提高高等教育建设水平,推动教育国际化和高等教育现代化,省内一些高校在学科建设、科研成果产出、国际合作交流等方

---

① 国务院.国务院关于支持云南省加快建设面向西南开放重要桥头堡的意见[EB/OL]. https://www.gov.cn/zhengce/content/2011-11/03/content_1396.htm,2011 - 11 - 03.

面取得了显著进展,高等教育竞争力显现出稳步提升的态势。

（一）第一阶段(1949—1977)：初具基础,高等教育发展曲折且失衡

抗日战争时期内高校的集聚使得昆明一度成为西部乃至全国的文化中心之一,与重庆、成都齐名。然而,随着内迁高校复员北返后,云南再次从文化高地跌落至文化边缘,这也导致其经济和社会发展的停滞。大力发展高等教育是新中国成立后云南实现追赶发展的必然要求,但1949年之后的很长时间内,云南省高等教育都是在曲折中发展,调整中前进。

1949年,云南仅有3所公私立大学,分别是云南大学、昆明师范学院和私立昆明五华学院。1950年初云南全省解放,新政府接管全省高等院校,省立英语专科学校和私立五华学院并入云南大学,全省高校数量由3所减至2所。20世纪50年代初,随着全国高等教育院系调整的展开,云南省的高等教育结构发生了显著变化,新增昆明工学院(1954)和昆明医学院(1956)两所高等院校。在1958年中共中央、国务院发出的"争取在十五年左右的时间内,基本上做到使全国青年和成年,凡是有条件的和自愿的,都可以受到高等教育"①号召的激励之下,全国范围内掀起各项教育革命运动,云南省也出现了大办高等教育的热潮,仅1958年一年,云南高校数量从4所猛增到21所。1959年经过调整后,新增院校只保留了4所本科院校,专科学校全部停办;另新办本科院校1所,加上"大跃进"前原有4所高校,云南共有高校9所;1960年又新办9所本科院校,1958—1960年,云南高校数达18所。后因缺乏支撑条件和政策原因,至1962年云南高校数量又减为6所。1958—1962年五年内,云南高校如若过山车,大起大落。②

在持续调整中,云南省高等教育形成了一定基础和规模,发展趋于稳定——高等教育的形式进一步拓展,出现了广播电视大学、函授教育、夜大等成人高等教育形式;层次上增加了研究生教育,学科专业设置也更加完善,涵盖了大部分专业门类。③不过在高等教育的结构、布局和资源分配方面,还是存在很多问题,比如昆明集中了绝大部分高等教育资源,其他15个地州甚至没有一

---

① 中共中央 国务院.关于教育工作的指示[N].人民日报,1958-09-20(01).
② 封海清,张磊.云南高等教育史[M].北京:科学出版社,2018:210.
③ 刘六生.省域高等教育结构调整研究:以云南省为例[D].大连:辽宁师范大学,2011:50.

所普通高校;专业设置上也缺少经济发展所需的相关专业,以云南医学院、云南中医学院等单科学院为主,省域高等教育结构还远不能适应区域经济和社会的发展。① 随后的十年"文革"阶段,云南高等教育发展几乎处于历史的最低潮,高等教育出现极大倒退。

(二) 第二阶段(1978—2000):恢复调整,高等教育整体水平相对滞后

随着改革开放的逐步深入,云南省开始大力发展高等教育。1977 年,云南高等学校仅 13 所,招生人数 6 620 人,在校生 12 518 人;教职工 8 260 人,其中专任教师 3 270 人,每万人中在校生比例为 4.1%,高等教育基础比较薄弱。② 于是在 1978 年,云南增设了 2 所高等学校(昭通师范专科学校、思茅师范专科学校),此后的几年,云南省又陆续新设了多所学校,至 2000 年云南普通高校增加到 24 所。

在此阶段,云南高等教育的发展可概括为以下四方面:第一,贯彻落实国家"调整、改革、整顿、提高"的发展方针,高等教育恢复发展并在 80 年代中期进入健康、快速发展期;第二,高等学校数量有所增加,办学规模迅速扩大,学生和教师人数逐年递增;第三,办学条件明显改善,高等教育资源逐步丰富化,配置更加合理,比如专任教师和非专任教师的比例以及师生比得到改善、优化,教育教学质量有所提高;第四,接受高等教育人口占全省总人口的比例显著增加,省内人口素质结构进一步优化;第五,高等教育体制改革持续深入,专业设置与学科体系逐步合理,高等教育服务社会经济的功能不断凸显。③

然而,由于历史、文化、社会经济发展水平较低等原因,云南高等教育发展还是处于低水平、小规模的发展阶段,即使取得了一定成绩,但是与国内的发达省区相比,还存在较大差距。尤其是高层次人才的培养方面,虽然 1957 年研究生教育已经起步,但截至 1965 年,仅有云南大学承担研究生的培养工作。1981 年,全国普通高等学校培养的研究生、本科生、专科生之比(以本科生为

---

①　刘六生.省域高等教育结构调整的理论与实证:以云南省为例[M].北京:人民出版社,2012:94.

②　云南省教育委员会.云南教育四十年 1949—1989[M].昆明:云南大学出版社,1990.

③　成文章.高等教育区域化发展研究:以桥头堡战略下的云南省为例[M].北京:科学出版社,2014:58-60.

100)为1.77∶100∶20.6,同期云南这一比例为0.51∶100∶23.2,尽管到2000年这一比例增至4.92∶100∶64.3(全国同期为5.42∶100∶63.55),但仍然相对不足,相对于本科生来讲,云南研究生培养比例远低于全国水平,高等教育办学层次和发展水平相对较为滞后。①

（三）第三阶段(2001至今)：面向国际,高等教育区域竞争力提升

伴随着国际间高等教育合作、交流的日益紧密,区域性高等教育的一体化迅速发展。进入21世纪,在"中国—东盟自由贸易区"建设纵深发展的同时,澜沧江—湄公河次区域的经济合作也呈现如火如荼的态势,涵盖了交通、贸易、投资、科技、旅游、教育等多个领域。云南省作为中国通往东南亚的门户,凭借其得天独厚的区位优势,积极推进与周边区域的高等教育交流与合作,通过开展教育交流项目、推进学术研究合作、建立双边学术交流平台等方式,为促进区域内高等教育一体化进程作出了重要贡献,高等教育的区域竞争力显著提升。

2006年以来,为了进一步推进云南省经济、社会发展,云南省委、省政府明确提出"把云南省建成连接东南亚、南亚的国际大通道"目标和"全面对外开放"战略,云南省高等教育国际化迎来了难得的发展机遇和良好的政策环境。2006年7月,云南省委、省政府召开了云南省高校实施"走出去"战略工作会议,会议出台了《关于加快推进高等院校实施"走出去"战略 提高高等教育国际化水平的若干意见》,明确了云南省高校实施"走出去"战略的指导思想、目标和任务。2012年10月,《国家发展和改革委员会关于印发云南省加快建设面向西南开放重要桥头堡总体规划(2012—2020年)的通知》正式出台,为云南省建设中国面向西南开放桥头堡增力提速。国家"桥头堡"战略规划的相继出台力图在新的历史起点上、新的发展机遇下,通过教育现代化带动人才国际化、通过信息化带动工业化并推进农业现代化,在打造西部民族高等教育国际化桥头堡、面向东南亚国际化人才桥头堡的基础上,最终把云南省建设成为中国面向西南开放桥头堡、国家兴边睦邻桥头堡、边疆脱贫致富奔小康桥头堡、

———————
① 张宝明.云南高等教育结构调整与改革要求[J].云南师范大学学报(哲学社会科学版),2006(05)：25-29.

西部社会经济第五增长极,桥头堡建设对云南高等教育实现又一次跨越式发展无疑是具有重要的战略意义。[①]

2015 年 1 月,习近平总书记在云南考察工作时,对云南经济社会发展取得的成绩和各项工作给予肯定,要求云南主动服务和融入国家发展战略,闯出一条跨越式发展的路子来,努力成为民族团结进步示范区、生态文明建设排头兵、面向南亚东南亚辐射中心,谱写好中国梦的云南篇章。[②] 给予云南新定位、新使命和新方向。2016 年云南省"十三五"规划将对外开放列为重点工作,省教育厅牵头整合各方资源,调动各高校的积极主动性,共同携手服务国家"一带一路"倡议,进一步提升云南教育国际化水平。经过持续的对外开放,云南留学生规模逐步扩大,东南亚、南亚国家留学生成为云南留学生中占比最大的群体,所占比重一直保持在 50%～60%,2015 年更是达到了 65.37%,与 2006 年相比,十年间人数增长近 2.3 倍(见表 4-1),证明了云南省高校面向东南亚、南亚的留学生教育工作发展高速而平稳、持续而健康。[③]

表 4-1　云南省 2006—2015 年留学生变化情况　　　单位:人,%

年　份	留学生总数	比上年增长	东南亚南亚留学生总数	比上年增长	东南亚南亚留学生比重
2006	4 077	—	2 597	—	63.70
2007	5 822	42.80	3 969	52.83	68.17
2008	5 759	−1.08	3 441	−13.30	59.70
2009	7 956	38.15	4 127	19.94	51.87
2010	7 555	−5.04	4 550	10.25	60.23
2011	8 537	13.00	5 095	11.96	59.67

---

① 唐滢,冯用军,丁红卫等.中国云南与东南亚、南亚高等教育国际化研究[M].北京:社会科学文献出版社,2017:47-48.

② 新华社昆明.习近平在云南考察工作时强调:坚决打好扶贫开发攻坚战　加快民族地区经济社会发展[N].人民日报,2015-01-22(01).

③ 唐滢,冯用军,丁红卫等.中国云南与东南亚、南亚高等教育国际化研究[M].北京:社会科学文献出版社,2017:77.

续　表

年　份	留学生总数	比上年增长	东南亚南亚留学生总数	比上年增长	东南亚南亚留学生比重
2012	7 769	−9.00	4 886	−4.10	62.88
2013	9 680	24.60	6 105	24.95	63.06
2014	9 690	0.10	6 250	2.38	64.49
2015	13 295	37.20	8 691	39.06	65.37

资料来源：唐滢,冯用军,丁红卫等.中国云南与东南亚、南亚高等教育国际化研究[M].北京：社会科学文献出版社,2017：77－78.

三、高等教育竞争力的发展特点

(一)积极响应政策推动高等教育发展

云南省地处西南边疆民族地区,经济相对滞后,高等教育的发展成为带动云南经济社会发展的关键所在。近年来,云南省在攻克这一焦点问题上取得了积极进展,其成功的秘诀之一在于善用政策,紧密结合中央战略和政策进行顶层设计,抢抓国家实施新时代中西部高等教育振兴计划的契机,充分利用国家政策的支持和引导,将其转化为本地区的优势和机遇,逐步构建起与云南经济社会发展相适应、适度超前的高等教育体系。云南省主动对接国家和本省"三个定位"、世界一流"三张牌"、西部大开发、乡村振兴、"一带一路"、人类命运共同体建设等重大发展战略,精心谋划了一批重大举措和项目,全力推进高等教育高质量发展,尤其是在服务地区经济发展方面进行了全面部署,重点落在人才供给、提升科研、高端智库建设、高校文化建设几个方面。[1] 2022 年 10 月 17 日,云南省人民政府办公厅公开《云南省人民政府履行教育职责自评报告》,其中重点提到要积极推进与教育部、部属高校签订战略合作协议有关工作,推动建立部属高校"一对一"对口帮助云南本科高校专业建设合作机制,深

---

[1]　云南省教育厅.《云南省人民政府办公厅关于印发云南省"十四五"高等教育事业发展规划的通知》政策解读[EB/OL]. https://www.yn.gov.cn/zwgk/zcjd/bmjd/202202/t20220209_236019.html, 2022－01－07.

化部省、省校、校校合作。① 众多项目中,西南联合研究生院的建立生动体现了云南省极强的政策敏锐度和行动力。建设西南联合研究生院是教育部和云南省委、省政府深入贯彻落实习近平总书记 2020 年 1 月考察西南联大旧址时的重要指示精神和党的二十大精神,"三位一体"统筹推进教育、科技和人才工作的重大举措。2022 年 6 月,西南联合研究生院经云南省人民政府批复成立,由教育部和云南省共同推进建设,以云南大学为主,昆明理工大学、云南师范大学共同参与,联合北京大学、清华大学、南开大学共同举办,聚焦国家战略和云南经济社会发展重大需求,推进重大科研设施建设,明确攻关领域开展基础研究和应用研究,培育重大原创性成果并加强科技成果转化,推进科教融合发展,努力建设成为高水平的人才基地、研究平台和高等教育改革创新试验田,旨在建设成为立足云南、面向全国和辐射南亚东南亚的一流新型研究生院,服务国家战略和云南经济社会发展。②

（二）国际化成为高等教育竞争力的破局关键

"十五"计划之后,云南省委、省政府审时度势,找准方向,结合本地区的发展区位优势,将"国际化"作为高等教育实现"后来居上"战略目标的重要途径。在国家第一轮西部大开发政策的指导及国家相关部门的推动下,云南省迅速将高等教育国际交流与合作的工作重心向周边国家转移。新时期,云南省着力整合高等教育资源,深化高等教育对外开放,以"走出去、引进来、合作共赢"为指导思想,鼓励支持高校立足区域,面向国际,在人员交流、人才培养、合作办学、合作研究、对外汉语推广等方面积极探索,着力建设高水平的教育、科技、文化、智库等对外服务平台,打造区域性国际人才培训基地、科技研发基地和文化交流中心。③ 云南大学作为云南省"双一流"建设的重要高校,在教育部的有力支持和指导下,配合本省提供的资源和平台,在推进国际化方面发挥着省部共建高校的示范带动作用。云南大学建成了覆盖本科、硕士、博士以及进

①　云南省人民政府办公厅.云南省人民政府履行教育职责自评报告[EB/OL]. https://www.yn.gov.cn/zwgk/gsgg/202210/t20221017_248895.html, 2022 - 10 - 17.

②　西南联合研究生院.研究生院概况[EB/OL]. http://www.swugs.ynu.edu.cn/about-us. 2023 - 08 - 10.

③　刘刚,龙微."一带一路"战略与云南教育对外开放[EB/OL]. http://www.zjchina.org/platform/service/zxnews/shtml/201609/10302.shtml, 2016 - 09 - 24.

修生等多层次的国际学生培养体系,发起成立"南亚东南亚大学联盟",搭建区域高等教育国际交流平台,国际学生人数为云南高校之最;通过增强与国际一流科研机构的合作,先后建成了中缅生态环境保育联合实验室、中尼地理联合研究中心等一批国际科研平台,开展了一批服务国家、社会发展和科技创新的国际联合科研项目,学校的国际显示度显著提升;同时全力建设区域国别研究高端智库,承接外交部、中联部等组织的多场外宣活动,充分发挥公共外交职能,大幅提升了服务社会的能力。[①] 随着国家"一带一路"倡议和长江经济带等建设的不断深入,云南省正从对外开放的边缘、末梢,转变为扎实深入全面开放的前沿、中枢,成为国家"南向"战略实施的连接点和交汇点。云南高等教育依托国际化战略,服务国家发展战略需求,进一步密切同周边国家的往来与合作,力争建设成为面向南亚东南亚、环印度洋地区的高等教育新高地,实现区域竞争力和影响力的迅速提升。

（三）调整院校和学科布局,助推地方经济发展

经济社会发展对各类专业人才的需求是一个动态过程,在专业结构布局及其量的控制上,宜实行一种动态管理,需要政府有关部门根据本地经济发展动态适时调整专业结构布局,及时迅速甚至超前地应对经济发展的变化,适应社会发展的需要。根据当前发展重点和长远发展战略的需要,云南省深化高校专业结构改革,向理工学科尤其是高新技术专业优先倾斜,积极设置面向地方支柱产业、服务业的应用型学科专业。一方面,加快"双一流"建设,更有针对性地发展高水平理工学科。2021 年 12 月,《云南省"十四五"高等教育事业发展规划》提出重点支持云南大学、昆明理工大学建设 3～5 个世界一流学科;推动昆明理工大学进入"双一流"建设行列,全力支持冶金工程等创建世界一流学科,在科技项目立项、创新平台与团队建设、高端科技人才引进与培养等方面加大经费支持的基础上,云南省科技厅也会进一步以重大科技专项形式来支持昆明理工大学创建"双一流"。[②] 此外,加快高水平应用型高校

---

① 云南大学.提升学校服务国家周边外交战略和云南省面向南亚东南亚辐射中心建设能力[EB/OL]. https://www.yj.ynu.edu.cn/info/1004/34092.htm, 2022 - 12 - 03.

② 昆明理工大学.云南省科技厅:以科技专项方式支持昆明理工大学创建"双一流"[EB/OL]. https://news.eol.cn/dongtai/202110/t20211008_2161888.shtml, 2021 - 10 - 08.

建设和高等职业教育。"十四五"期间将持续推动本科高等学校转型发展,实施"省—州市—高水平大学—应用型本科"建设工程,打造一批具有示范引领作用的应用型高校,提高应用型高校对所在州、市行业产业的服务能力,促进人才链、创新链、产业链有机衔接;启动省级高水平高职学校及专业群建设,遴选一批服务云南世界一流"三张牌"发展战略和紧密对接云南支柱产业、优势产业和战略性新兴产业的高水平高职学校和专业群,支持昆明冶金高等专科学校、云南机电职业技术学院、昆明工业职业技术学院等高职院校持续推进"双高"建设,深度推进产教融合和校企合作,为各产业培养和输送相关领域的人才。①

第五节　辽宁省:高等教育发展的"东北现象"

20世纪90年代,经济增速曾位居全国前列的东北三省出现工业经济效益下滑的"东北现象"②。这一概念由在1991年3月20日新华社记者赵玉庆等发表《"东北现象"引起各方关注》一文中率先提出,以指称经济发展曾经居全国前列的东北三省,遇到经济效益下滑、工业生产举步维艰的艰难处境。与"东北现象"相伴,东北地区高等教育也经历了相似的发展历程。作为国家老工业基地之一的辽宁省,其高等教育事业曾经一度走在全国前列,确立了在全国的高等教育大省的地位。然而,随着整个东北地区经济社会发展的逐渐滞后,辽宁省高等教育的办学水平和综合实力也出现颓势。党的十八大以来,中共中央、国务院高度重视以辽宁为代表的老工业基地的改革振兴工作。这是我国的又一项重大战略决策,显示了中央政府对东北地区发展的高度重视和支持,目标是将东北地区建设成为我国经济的第四个增长极,与珠三角、长三角和京津冀地区相媲美,通过发展东北地区的工业、经济和创新能力,实现该地区的全面振兴和经济转型,为国家经济增长提供新的动力源。

---

① 云南省人民政府办公厅.云南省"十四五"高等教育事业发展规划[EB/OL]. https://www.yn.gov.cn/zwgk/zcwj/zxwj/202201/t20220105_234283.html, 2021-12-28.

② 注:1991年3月20日,新华社记者赵玉庆等发表《"东北现象"引起各方关注》一文,率先提出"东北现象"概念,引起了政府、学术界和民间的广泛关注。

一、高等教育发展的社会经济环境

东北工业基地是新中国工业崛起的摇篮,被誉为"共和国长子"。1950 年 3 月 3 日,毛泽东在沈阳召开的中共中央东北局高级干部会议上讲话,指出"东北是全国的工业基地,希望你们搞好这个工业基地,给全国出机器,出专家"①。新中国成立初期,党和国家给予东北工业基地政策、资金和项目上的大力支持,使其成为新中国第一个现代化的重工业基地。中共中央之所以决定集中力量首先恢复辽宁的工业生产,以辽宁为中心建设全国性重工业基地,是考虑到辽宁具备发展重工业的明显优势:一方面,辽宁社会秩序稳定,是全国最早获得解放的省区之一,先于全国其他地区一年左右的时间进入和平建设阶段,为国民经济恢复和大规模经济建设的到来提供稳定的社会秩序保障;另一方面,辽宁工业基础雄厚,同时靠近重要的工业中心和交通枢纽,有利于原材料和产品的运输和流通,使得该地区在发展工业时具备独特的资源和地缘优势。② 经过十余年艰苦奋斗,东北工业基地不仅形成了多元化的工业结构,还培养了大批工业技术人才,积累了丰富的工业经验,为新中国的工业化奠定了坚实的基础。辽宁工业基地的形成,带动了地区经济的快速增长,工业总产值居全国前列,在全国经济竞争力中突显优势,享有"辽老大"美誉,辽宁也因此成为东北地区的政治、经济、文化中心,为全国经济发展和工业化进程作出了突出贡献。

由于特定的历史原因和经济结构的特殊性,东北地区在改革开放初期相对较早地经历了经济转型和产业结构调整的挑战。随着市场经济的深入发展和国内外竞争的加剧,东北地区的重工业产能逐渐过剩,经济增长乏力,出现了较为明显的经济下滑。东北经济结构长期以来过于依赖重工业,缺乏多元化的产业布局和创新能力,对新兴产业的适应能力相对较弱,导致产业结构单一,难以适应经济转型的需要。随着传统重工业的减员和淘汰,东北地区的就业形势严峻,失业人员增加、就业岗位减少成为困扰东北地区的一个突出问

---

① 中共中央党史和文献研究室.毛泽东年谱(第 4 卷)[M].北京:中央文献出版社,2023:99.

② 盛雷.辽宁老工业基地的历史和发展[EB/OL]. https://www.lnskl.org.cn/10000/184590/2022613/1655082074138.shtml, 2022－06－13.

题。伴随东北区域发展困境的阶段性演进,计划经济体制下积累的深层次结构性和体制性矛盾不断显现,形成了"东北现象"的发展命题。在区域经济迅速崛起,高等教育管理重心下移的大背景下,高等教育与区域经济发展的关系越来越密切。结合国家的宏观战略,辽宁省制定了立足本省、面向东北经济区乃至整个东北亚的整体经济发展战略。

二、高等教育竞争力的演变历程

辽宁省依靠历史发展基础和政策的支持,高等教育一度领先国内;改革开放之后,受国内外经济形势变化、东北地区经济下行压力增大等因素影响,高等教育发展局面骤然改变。随着东北老工业基地振兴战略的实施,辽宁省高等教育发展步伐加快,如何重整旗鼓,重新焕发高等教育对地区经济、社会发展的生机与活力成为各方人士关注的焦点。

(一) 第一阶段(1949—1977):基础深厚,竞争力领先全国

1949 年到 1956 年,是我国从新民主主义向社会主义的过渡时期,这一时期在接管、改造旧有教育体系的同时,也开始建立新中国的教育体系。新中国成立初期,辽宁拥有位居全国前列的高等教育资源,为了适应新中国建设事业的发展,使高等教育事业走上有计划、按比例发展的轨道,在中央领导下,辽宁高等学校曾先后在 1950 年、1952 年和 1953 年进行过三次院系调整,到 1953 年辽宁共有高等学校 13 所(其中工业院校 3 所,师范院校 2 所,农业院校 1 所,医药院校 3 所,财经院校 1 所,语言院校 1 所,艺术院校 2 所),调整后的各院校,基本上成为单科性高等学校并明确了发展方向。[①]

从 1961 年开始,东北各高等学校认真学习党的八届九中全会和"全国高等学校及中等学校调整工作会议"精神,着力贯彻执行"调整、巩固、充实、提高"的八字方针,遵循《教育部直属高等学校暂行工作条例(草案)》(即"高教六十条")的相关要求,重点进行整顿工作。辽宁省 1961 年裁撤了 16 所院校,1962 年又裁撤了 31 所院校,1963 年继续进行调整,由 43 所调至 25 所;辽宁省教育厅制定了《关于全省重点高等学校暂行管理办法(草案)》,被列为全省

---

① 王纯山.辽宁高等教育四十年:历程与成就[M].沈阳:辽宁大学出版社,1989:4.

重点学校的有辽宁大学等 9 所院校,这些院校在贯彻执行"高教六十条",大力提高教学质量,支援新建高等院校方面起了良好的作用。①

同时,各高等学校继续改进教学管理,一些院校还重新明确规定了专业方向和培养目标,正确处理了政治与业务的关系,教学与生产劳动、科学研究的关系,各校教学秩序走向稳定。教学质量有了显著提高。辽宁高校从 1950 年起就开始学习苏联的办学经验,加快教学建设——逐步实行了新的教学计划,采用苏联的教学大纲和教材,建立教学研究室(组)作为基层教学组织;工科院校还安排了生产实习。在苏联专家指导和帮助下,一些院校修订了专业教学计划和课程大纲,完善了教学环节,从而使教学和培养水平走在全国前列。比如大连工学院至 1954 年已按照苏联模式健全了含有课堂讲授、习题课、课堂讨论、答题、质疑、实验、实习、课程设计、毕业设计(论文)等在内的完备的教学环节;②东北工学院采矿系 53 届矿区开采专业按培养工程师的目标试作毕业设计,这是全国工科院校最早试作毕业设计的一个专业,并得到国家考试委员会的肯定,通过经验总结,向全国推广。③

在整个社会主义改造时期,辽宁高等教育事业发展迅速。1957 年高等学校在校生由 1952 年的 16 319 人,增至 25 929 人,(其中工科院校学生占 47%),增加 58.9%;1966 年停课之前,辽宁共有高等学校 26 所,在校本科生 35 688人,专科生 1 326 人,领先于全国各省区。④ 而且中央部委所属高校比较集中,实力雄厚,每年为全国各条战线输送数以千计的毕业生,1952 年至 1957 年的五年间,全省高等学校为各条战线共计输送了 24 224 名大专毕业生;科类分布也很有辽宁特色,高度集中于工科而且是重工业,工科学生占在校生的比例高达 60%以上。⑤ 辽宁在建成以钢铁工业为中心的重工业基地的同时,也建成了以工科院校为重点的理、工、农、医、师、财经、文艺均有的社会主义高等教育

①　刘兆伟,马立武,王凤玉.东北高等教育史[M].沈阳:辽宁大学出版社,2000:306.
②　刘兆伟,马立武,王凤玉.东北高等教育史[M].沈阳:辽宁大学出版社,2000:306.
③　王纯山.辽宁高等教育四十年:历程与成就[M].沈阳:辽宁大学出版社,1989:4.
④　邓晓春.在决策咨询岗位上亲历辽宁高等教育 35 年巨变(之一):在"发展渴望"被"生存危机"所取代的岁月,大学教改遇到难以破解之题[J].现代教育管理,2010(08):20-24.
⑤　邓晓春.在决策咨询岗位上亲历辽宁高等教育 35 年巨变(之一):在"发展渴望"被"生存危机"所取代的岁月,大学教改遇到难以破解之题[J].现代教育管理,2010(08):20-24.

体系,为辽宁高等教育事业的发展打下了坚实的基础。

（二）第二阶段(1978—2002)：陷入颓势,竞争力下滑

改革开放以来,随着计划经济向市场经济转轨,东北工业经济效益普遍下滑,整个东北地区整体发展速度大幅减缓,陷入困顿和迷茫。[①] 辽宁省长期依赖重工业,尤其是钢铁、石油化工等传统产业,以沈阳、鞍山、抚顺、本溪、辽阳为代表的重工业城市,面临产能置换和结构调整的压力,转型发展速度受到很大影响。在"东北现象"背景下,辽宁省高等教育发展也面临极大挑战。

产业结构的调整对人才的需求也发生了变化。辽宁高等教育体系在过去主要以培养重工业为导向、传统专业的人才,而相对缺乏新兴产业所需的技能和知识。辽宁省委、省政府及高等教育广大工作者于 1979 年末在全省范围内进行了第一次全面的人才预测。其后,从 1985 年起到 1988 年止,辽宁省人民政府成立了"辽宁省人才规划领导小组",动员了全省各行各业近 20 万人,进行了历时三年的人才普查、人才预测和人才规划工程,初步确定了辽宁省普通高等教育系统在教育投资确保前 5 年按 10％递增、后 10 年按 8％递增的前提下,15 年内共输送包括研究生、本科生、专科生三个学历层次人才在内的专门人才共 49.7 万人,到 2000 年辽宁省专门人才密度将由 1985 年的 6.71％提高到 9.72％的目标。[②] 人才调研的结果则显示,人才匮乏与辽宁高等学校培养能力之间存在尖锐矛盾,针对本省经济社会发展状况及人才培养现状,辽宁省提出了一系列高教领域的改革措施和政策,由此拉开了改革开放以来辽宁高教改革的序幕。[③] 教育领域的改革基本处于以校内管理改革为主的局面,改革力度并不大,每动一步都举步维艰。为促进高等教育的快速发展,1983 年辽宁省人民政府批转了原省高等教育局制订的《关于高等教育改革意见的请示》(又称《辽宁高教改革 15 条》),1984 年辽宁省委作出《辽宁高教改革 12 条的决定》,在高等教育管理体制、全日制高等学校管理、高等教育结构改革、招生、毕业生分配改革后勤企业化管理办学自主权等方面进行了

---

① 段续,高铭等."新东北现象"引热议走出迷茫会有期[EB/OL]. http://www.xinhuanet.com/politics/2015lh/2015-03/13/c_127579293.htm, 2015-03-13.

② 王纯山.辽宁高等教育四十年：历程与成就[M].沈阳：辽宁大学出版社,1989：13.

③ 刘兆伟,马立武,王凤玉.东北高等教育史[M].沈阳：辽宁大学出版社,2000：399.

改革。^① 这两项政策强调改革高等教育管理体制,"简政放权"、扩大学校办学自主权是重点。1985 年,中共中央、国务院召开了全国教育工作会议,讨论有关教育体制改革问题,同年 5 月 27 日中共中央公布了《关于教育体制改革的决定》。此后,辽宁省高等教育按此要求围绕高等教育管理体制、计划体制、招生、分配制度和教学领域开展了广泛的改革,并取得一定成效。

20 世纪 90 年代初,随着市场经济体制改革的深入,东北发展速度下滑严重,明显低于东南和南方地区,甚至一些西部省份 GDP 也逐渐赶超东北;20 世纪末的金融危机再重创东北经济特别是国有企业,这个"最先进入计划经济,最晚进入市场经济"的老工业基地,牵绊多年的体制性、机制性和结构性矛盾依然突出,"东北现象"逐渐演变成新常态下的"新东北现象"。经济发展问题最直接影响的就是教育的投入,辽宁省虽然在"六五""七五""八五"三个五年计划期间,高等教育皆取得不同程度的发展,但教育投入水平却并没有明显的改观。"教育事业费占全省财政支出的比重"一直在 13% 左右徘徊,始终未达到《辽宁省教育改革和发展纲要》中明确提出的"力争'八五'末期辽宁教育事业费支出达到省财政支出的 15%"的目标,比江苏、上海、广东等省更是低了3~10 个百分点,甚至与经济整体水平不如辽宁的省份相比,"教育经费占财政支出的比重"这一指标也存在差距;辽宁省"科教兴省"实施方案的过程中也暴露出在经费分配上各部门的分歧,如何重点向科技、教育、交通、能源、农业倾斜的各种分歧直接导致辽宁教育投入长期低水平徘徊,成为制约辽宁教育发展和提高的瓶颈。^②

(三) 第三阶段(2003 至今):重整旗鼓,塑造竞争优势

面对东北地区的没落,如何振兴老工业基地成为亟待解决的问题。2002年,党的十六大报告首次提出:"支持东北地区等老工业基地加快调整和改造,支持以资源开采为主的城市和地区发展接续产业"。2003 年,党中央作出实施东北地区等老工业基地振兴战略的重大决策,出台《中共中央 国务院关于实施东北地区等老工业基地振兴战略的若干意见》。2007 年 8 月 20 日,国家发

① 刘国瑞,刘万芳,徐治中.面对 WTO 的高等教育变革[M].沈阳:辽宁民族出版社,2002:227-228.
② 邓晓春.在决策咨询岗位上亲历辽宁高等教育 35 年巨变(之六):"八五"期间辽宁高等教育改革与发展的实践探索与反思[J].现代教育管理,2014(01):48-60.

展改革委、国务院振兴东北地区等老工业基地领导小组办公室发布《东北地区振兴规划》,全面分析了东北地区在经济、社会、环境以及区域经济发展过程中面临的矛盾和问题,进一步明确了振兴东北老工业基地的阶段性目标、实施步骤和战略重点;2009年9月9日,《国务院关于进一步实施东北地区等老工业基地振兴战略的若干意见》发布,这是又一个指导东北地区等老工业基地振兴的综合性政策文件,针对振兴实践中出现的新情况、新问题提出了新的举措,标志着东北地区等老工业基地的工作进入"纵深推进、全面振兴"的战略新阶段。①2003—2012年,东北地区经济社会取得了长足进步,为全国重要经济增长区域,其中,辽宁省国民生产总值由2003年的6 002.54亿元增长到24 846.43亿元,增长了314%,其中2008年涨幅达到22%;辽宁省人均GDP从2003年的14 270元增长到2012年的56 649元,实现了大幅度增长,高于全国平均水平。②

　　2013年3月,国务院批复了《全国老工业基地调整改造规划(2013—2022年)》,标志着东北老工业基地振兴进入第二个十年建设阶段;2016年,《中共中央　国务院关于全面振兴东北地区等老工业基地的若干意见》发布,开启新一轮东北振兴战略。新形势下,高等院校责无旁贷地承担起为振兴老工业基地提供人才和智力支持的重任。针对高校有效人才供给不足的短板,辽宁从"分、调、融"入手,引导学校实现差异化、特色化发展——"分"即分层分类管理,2016年首次将本科高等学校分为农林医药业类、工业类、现代服务业类、社会事业类;同时,根据办学层次水平差异,将高等学校划分为研究型、研究应用型、应用型、技术技能型;"调"是调整专业结构,2016—2018年,撤销重复设置严重、就业率过低的硕士学位授权点45个,限招、停招、撤销本科专业176个,以优化专业设置;"融"指深化产教融合,组建校企产业联盟,吸纳数百所高中等学校和数千家企业参加,在招生就业、课程开发、学分互认等领域开展合作,实现人才供需的精准化对接。③辽宁省高等教育也由以规模扩张为标志的外

---

① 姜四清,王姣娥,金凤君.全面推进东北地区等老工业基地振兴的战略思路研究[J].经济地理,2010(04): 558 - 562.

② 于畅,宋芳.东北老工业基地振兴十年辽宁高等教育与经济协同发展研究: 基于高等教育弹性系数视角[J].高等农业教育,2014(10): 12 - 16.

③ 王振宏,王莹.辽宁实施供给侧改革推进高等教育内涵式发展[EB/OL]. http://www.gov.cn/xinwen/2018-07/26/content_5309466.htm, 2018 - 07 - 26.

延式发展向以质量提升为标志的内涵式发展转变。辽宁教育部门直面振兴发展对人才、科技的迫切需求,把行业、企业和社会对人才急需的领域和专业,作为高中等学校供给侧结构性改革的着力点,并引导高校积极融入地方产业升级和创新驱动进程中,加速科技成果转化步伐,重塑高等教育竞争优势,精准服务区域振兴,为老工业基地振兴带来了实实在在的效益。①

2023年2月22日,辽宁省委十三届五次全会审议通过了《辽宁全面振兴新突破三年行动方案(2023—2025年)》(简称《行动方案》),为辽宁全面振兴提出了新目标,下达了新任务。辽宁省显然意识到了仅亦步亦趋跟随中央的东北振兴战略,尽管能够取得一些成绩,但仍不足以应对各省激烈的竞争。《行动方案》明确了指导思想和总体目标,细分了8个子目标、10个方面新突破以及50项重点任务,旨在抢抓"十四五"后三年重要窗口期,加快高质量发展步伐;重点强调科技教育和人才支撑,提出了提升高等教育竞争力的具体方案,着力打造高水平人才培养体系,深入推进"双一流"建设,加强基础学科、交叉学科、新兴学科建设,打造高水平学科集群和优势特色理工学科,力求到2025年10个学科达到"世界一流水平",20个学科达到"国内一流水平";②具体提出创建具有全国影响力的区域科技创新中心、打赢关键核心技术攻坚战、实施科技型企业培育计划、实施人才强省战略、加快建设教育强省5项重点举措,以加快塑造发展新动能,将科教人才资源优势转化为创新发展优势。③

三、高等教育竞争力的发展特点

(一)政府战略性政策是高等教育竞争力发展的绝对驱动力

政府战略性政策是政府在不完全竞争下,通过资源倾斜等政策手段,以经济体制为基础,引导资源的聚焦和配置,并依靠国家重大的、全局性和长远性

---

① 王振宏,王莹.辽宁实施供给侧改革推进高等教育内涵式发展[EB/OL]. http://www.gov.cn/xinwen/2018-07/26/content_5309466.htm, 2018 – 07 – 26.

② 明绍庚,王笑梅.强化科教人才支撑 在塑造发展新动能上实现新突破[EB/OL]. https://www.sohu.com/a/655770163_121484604, 2023 – 03 – 18.

③ 郝鹏.以实施全面振兴新突破三年行动为引领　奋力谱写推进中国式现代化辽宁新篇章:在中共辽宁省委十三届五次全会第二次全体会议上的讲话[N].辽宁日报,2023 – 03 – 23(12).

战略谋划创造市场需求,有选择性扶持特定群体的成长,形成领先优势,增强其竞争力,从而实现重点突破带动整体发展的目标。[①] 我国高等教育历史上长期参照苏联模式运行,主要采取的就是以国家为主导,为实现国家特定战略目标,通过选择性资源配置以实现国家利益的政策,东北地区高等教育则更是这一模式的典型代表。东北高等教育的改革发展与老工业基地全面振兴的进程息息相关。新中国成立以来东北高等教育基本围绕国家整体工业化建设方略进行布局和发展,以大连理工大学、哈尔滨工业大学、吉林大学、东北大学为核心的东北高等学校集群,为新中国成立初期老工业基地建设提供了强大的人才支持与技术支撑。2021年发布的《中华人民共和国国民经济和社会发展第十四个五年规划和2035年远景目标纲要》明确提出"推动东北振兴取得新突破"。从全面振兴东北地区等老工业基地到深入推进实施新一轮东北振兴战略,再到支持东北地区深化改革创新推动高质量发展,党中央的战略部署一以贯之,统揽全局、为东北地区发展领航定向。[②] 政府战略性政策是以辽宁为代表的东北地区高等教育竞争力发展的绝对驱动力。

(二)高等教育需求、资源与空间格局呈现阶段性混乱的特征

以辽宁省为代表的东北地区高等教育竞争力发展的明显特征之一,即经济转型过程中高等教育的需求、资源和空间布局并不协同发展。东北地区的城市、企业和高校之间的利益关系在经济转型过程中受到指令计划调控的严重影响而瓦解,东北地区的一些资源枯竭型城市和传统工矿区城市的发展活力不足,国有企业效率低,民营经济不发达,有些地级市的财政收入甚至不及南方的一个县级市,导致整个区域陷入"新一轮沉寂",传统优势被其他地区逐渐蚕食。东北振兴战略提出近20年来,东北的经济实力有了长足发展,但与沿海等先进省区相比,内生动力仍显不足,[③]这点与山东、广东、浙江、江苏等省份城市整体快速发展的情况是大为不同的。城市无法为当地高校提供足够的资源支持,也难以刺激其发展活力。深刻的计划痕迹和不完全发育的市场机

① 郭寿良.高等教育资源配置与高校财务经济效率分析[D].成都:西南财经大学,2023.
② 杜尚泽,李林宝,董丝雨."东北来得比较多,我十分关心这里的振兴发展"[EB/OL]. http://politics.people.com.cn/n1/2021/1026/c1001-32263941.html,2021-10-26.
③ 李北伟,孙婉君.提升区域经济一体化水平　推动东北全面振兴[N].光明日报,2023-10-25(06).

制,又致使城市、产业和高校之间建立新型关系的进展非常缓慢,导致地理空间内城市、产业和高校之间的关系出现混乱局面。[①] 指令计划调控的遗留影响使得资源配置和发展机会无法有效地通过市场机制进行调节,城市和产业的发展缺乏灵活性和创新性,高校也难以充分发挥其应有的作用;随着经济发展环境、发展阶段和发展条件的转变,高等教育的需求、资源和格局保持协同需要立足新的经济社会要求,这是仅通过政府战略性政策难以解决的。

---

① 刘国瑞.东北高等教育的现实困境:演进、致因与思考[J].高等教育研究,2021,42(09):5-16.

第五章
结论与建议

高等教育不仅是传授知识的载体,也是培养创新人才、推动科技进步、促进经济增长和社会进步的关键,越来越成为地区和国家竞争力水平的重要标志。近年来,各国和地区积极发展高等教育以应对日益激烈的全球竞争,我国高等教育事业也取得了长足的发展。综合来看,中国各省的高等教育竞争力在整体上呈现出逐步提升的趋势,然而不同省份高等教育受到地区经济发展水平、产业结构、人口分布、社会及生态环境等多方面因素的影响,其竞争力发展的程度和模式都有所差异。东部沿海省份高等教育竞争力相对领先,但在全国范围内也面临激烈的竞争,需要不断创新和保持优势;中部、西部和东北地区的高等教育在不同程度上仍有提升空间。高等教育的发展既是地方整体发展的重要组成部分,也是实现整体发展目标的动力与支撑。基于区域发展的不平衡性、发展重点的差别化以及发展模式的多样性,国家和地方政府应该制定有针对性的政策,鼓励资源优势互补,促进区域间教育均衡发展。只有通过持续努力和改革创新,中国省域高等教育才能真正走向更加卓越的未来。

第一节　中国省域高等教育竞争力的发展模式

中国高等教育经过新中国成立以来七十多年和改革开放四十余年的发展积淀,尤其是经过 21 世纪之后的高速发展,受历史、文化、经济、人口等不同因素的影响,已经逐渐形成多种集群分布的发展生态,各省高等教育竞争力也呈现出不同的驱动模式。

一、教育资本驱动模式

受历史原因的影响,在资源经费有限的情况下,国家不得不做出有选择地扶植一些重点院校发展的决策,造成了高等教育资源分配不均衡格局,以北京、上海、江苏、湖北、陕西等为代表的省份一直占据着最丰富和最优质的高等教育资源。

北京作为中国政治、文化中心,高等教育资源极其发达,远超中国任何一个省、自治区、直辖市。身处我国最大的科研基地、高等教育基地和最大的科技人才聚集之地,北京高校在资金、项目和政策支持上占据优势。除了传统的985、211大学之外,北京还拥有如北京语言大学、外交学院、国际关系学院等知名全国重点大学,这些学校也都在"双一流"建设中表现出色。综合来说,北京高校的学术研究和创新能力处于全国领先地位。

东部地区的上海和江苏,自民国时期就积累了丰富的高等教育资源。无论是高校的数量还是种类,上海和江苏都位居全国前列。从实际情况来看,江苏省的高等教育实力在全国仅次于北京,甚至强于上海,主要因素之一就是其深厚的优质高等教育资源。复旦大学、上海交通大学、南京大学、东南大学等高校在多个学科领域都有着显著的影响力。经济发展和高等教育发展相辅相成,上海和江苏是中国经济的重要龙头,江苏省更是全国唯一一个所有地级行政区跻身全国经济百强城市行列的省份,人均GDP居全国各省份第一名,是中国综合发展水平最高的省份之一。高等教育的发展受益于其强大的经济基础,开放的高等教育市场和环境进一步吸引大量人才和项目合作,为上海和江苏的高校提供了充足的资源支持和广阔的发展空间,促进了高等教育资源的多元化和国际化进程。

中西部内陆地区的陕西和湖北等省份,经过20世纪50年代的院系调整,得到了大量高等教育资源的倾斜。这些省份建立了众多的高等院校,各级各类学校分布广泛,为当地和周边地区提供了丰富的高等教育资源,可以说是名副其实的"高等教育大省",对于区域和全国高等教育发展具有重要引领和示范意义。作为中部和西北部高水平大学聚集的城市,武汉、西安也是当地乃至全国学子报考的重要选项。武汉,作为人口众多的超大型城市,是中部地区的科教重镇,坐拥 85 所本专科学校,7 所 211 高校,2 所 985 高校,7 所"双一流"高校及一批老牌地方强校,已成为孕育我国"世界一流"高校的主力军。西安,是中国西北地区的重要教育中心,坐落在高教大省——陕西,是西部高等教育资源最为丰富的城市之一,拥有 63 所高校,包括 44 所本科院校、19 所专科院校。其中,教育部直属高校 4 所、工业和信息化部直属高校 1 所。西安交通大学、西北工业大学等高校在全国高等教育体系中占有举足轻重的地位,尤其在工科和国防科技领域具有显著优势,培养了大量的专业人才,支撑了国家相关产业建设。

显然,高等教育资本比较高的地区在高校设施、师资、科研、国际合作、文化传承等方面的投入都相对较多,对本地区发展产生的辐射和影响也会更大,这些省份高等教育竞争力的形成和发展主要受益于其本身拥有的丰富的教育资本和综合实力。教育资本的积累、卓越的科研实力以及广阔的国际合作平台都为培养具有创新精神和国际视野的人才提供了理想的环境,使得这些地区成为中国高等教育的重要支柱,引领中国高等教育的前沿。随着区域间高等教育相互开放、彼此合作、优势互补、共同发展,这些地区高等教育的溢出效应会不断扩大和增强,推动区域乃至全国社会经济的发展。

二、经济市场驱动模式

知识经济时代,高等教育是一种"经济现象",这在我国东部沿海经济发达地区体现得更加明显。以广东、浙江、福建为代表的部分省份,经济总量占全国比重高、城镇化进程较早、人口聚集多,在众多城市群中的发展水平位居前列,也是全国最具发展潜力的区域。然而在竞争激烈的高等教育赛道,长期以来高教发展与当地较发达的经济水平不相匹配,都曾在一定时期内形成经济领先高等教育的格局。浙江和福建与临近的沪、苏等地的高等教育差距不小,教育投入与需求不成正比,人才储备与高质量发展要求不匹配,高校数量和质量与快速提升的区域经济水平相比较也有滞后。究其原因,一是高等教育原有基础较为薄弱,高等学校不仅数量少,专业和学科建设也都落后于传统高等教育大省;二是与东部地区改革开放之后得到的极大的经济改革自主权相比,高等教育改革的力度和范围有限。

　　近年来,这些省份高等教育步入快速发展期,尤其是广东,以经济强省的实力来建设高等教育,取得不俗的成绩,高水平大学建设呈现赶超势头,高等教育发展总体呈现出与市场紧密结合、经济实力雄厚、人才虹吸效应显著、科研产出与创新增速强劲的优势与特点。深圳高等教育发展之路就是最直接的体现。与国内一些一线大城市相比,深圳高等教育发展的基础并不够雄厚,结合改革开放试验田的独特优势,深圳高等教育走上了特色发展之路。为了满足高层次人才培养的需要,2000年以来深圳开始尝试引进一流院校进驻深圳办研究生教育,创办以研究生培养为主的大学城,积极推进国内外高校合作办学,共建深圳校区。加快集聚国内外优质资源,引进办学与自办高校并举,成为深圳追求高等教育跨越式发展的创举,深圳高等教育的发展驶入快车道。

　　作为经济强省,浙江省补短板的心情也愈发迫切,其瞄准广东省发展经验,为高等教育发展按下"加速键",确立了"优化结构、提升水平"的主要任务。其要点是进一步优化高等教育布局和结构,尤其是学科结构和专业结构,明确要求各高校根据本省产业集群发展和高校分类发展标准,大力建设一批生物、新能源、高端装备制造、节能环保产业和海洋新兴产业、新能源汽车、物联网产业、新材料产业及核电关联产业等新兴战略性产业相关的专业与学科,深度对接经济和市场,以经济带动高等教育发展,以实现高等教育突围。

　　类似的还有福建省。长期以来,福建高等教育的发展没有跟上经济增长速度,一度出现了"慢半拍"的发展态势,内生动力始终未被激发出来。[1] 在高等教育发展沉寂多年后,近年来福建省动作频频,其战略步骤逐渐清晰。陈嘉庚是华侨和闽商办学的先驱,后来又有爱国华侨吴庆星创办仰恩大学、企业家林腾蛟创办阳光学院,2021年"玻璃大王"曹德旺开始筹办福耀科技大学,定位为高水平理工科研究型大学,探索出一条产学研结合、服务社会的高等教育发展新路径,这也是本地民间资本参与高等教育发展的又一次有益尝试。结合福建经济发展基础和历史办学经验,《福建省高等教育十年发展规划(2021—2030年)》提出打造应用型高校建设"福建模式",力争高等教育竞争力和综合实力进入全国前10名、东部前6名,建成高等教育强省,形成与全

---

① 温才妃.没有存在感? 福建高教"危"中寻"机"[N].中国科学报,2023 - 01 - 31(04).

方位推进高质量发展更相适应的高等教育发展格局,福建高等教育竞争力提升有望加速。

三、地方政策驱动模式

我国高等教育领域存在显著的地区间不平衡。经济发达的东部地区,高等教育出现明显的集聚效应,这使得办学资源和高层次人才如同一股强力的磁场,不断汇聚于这些区域,这种现象犹如虹吸效应无形中放大了高校与地区之间的学科和人才发展的差距。作为连接东部发达地区和西部腹地的桥梁,中部省区在国家整体战略中扮演着举足轻重的角色。然而,中部崛起的步伐需要高等教育的有力支撑,在这方面,中部几省面临着高等教育资源欠缺、发展滞后、人才流失和经济增长乏力等多重困扰。高等教育的东中西部差距是历史长期积累的结果,既有中西部高等教育整体发展水平落后的原因,也有特定历史时期国家战略布局的因素。[①]

"高教弱省"成为中部各省的标签已久,而近年来蛰伏已久的河南、山西、安徽等中部省份锐意改革,配合国家中部崛起战略,固优势补短板,通过内涵建设、深耕优势、建强学科等多方面形成合力,力争提升综合办学实力,高教领域改革势如破竹。山西和河南发展路径比较相近,主要由地方政府发力,积极推动高等教育改革,加快高等教育改革步伐,这是转型发展背景下的主动应变和基于地方发展的自我重塑,通过排名可以看到,山西高校的排名和影响力正在节节攀升。安徽着力提升高等教育对安徽发展的作用,在加大高教投入的传统路径上有所突破,在全国率先出台《深化学科专业结构改革服务产业创新发展实施方案(2022—2025年)》,对标十大新兴产业,强化供需适配、跨界融合,全力推动教育链、人才链与产业链、创新链融合发展;此外,借鉴沪、苏、浙经验,完善高等教育人才队伍高质量发展支持政策体系,引进一批院士、杰青等顶尖人才到省属高校任职,通过多种方式招揽和提拔年轻有为的校长来带动高校发展,仅2022年6月到2023年1月的半年间,安徽师范大学、合肥工业大学、安徽理工大学、安徽财经大学、安徽工程大学、安庆师范大学六所高校

---

① 刘国瑞.高等教育龙头的意蕴、使命与进路[J].大学与学科,2023,4(03):1-12.

迎来新校长,其中最突出的是从清华大学引进中科院院士李亚栋,担任安徽师范大学校长。

相对中部省份,东北地区则呈现出相反的发展状况。事实上,东北地区也拥有优异的资源禀赋、沿海区位优势和产业基础,人均受高等教育程度和高等教育资源配比在全国靠前,但近年来高等教育竞争力显现颓势,形成了"东北现象",高等教育发展对区域经济增长的贡献明显低于长三角、粤港澳等地区。就这一地区发展而言,东北高等教育振兴不仅需要得到国家持续关注,更重要的是地方政府应当制定系统化的发展战略,找准定位,充分利用自身资源并挖掘发展新动能和新优势,以吸引和留住人才。《中共中央 国务院关于全面振兴东北地区等老工业基地的若干意见》中提到,要处理好中央支持和地方努力的关系,在新一轮东北振兴中要更加注重激发内生发展动力,通过自身努力加快发展。上述中部几省通过加强地方领导推进高等教育提质升级的经验值得东北地区借鉴。

四、区位禀赋驱动模式

区域的独特性,无论是地域风貌还是文化传统,都是高等教育资源的宝贵禀赋。云南、广西、贵州等高等教育一度相对落后的西部省份,通过将区域特色、自然禀赋、历史积淀和高校优势有效结合,发掘高等教育潜力、找准本地区的禀赋优势,将这些资源特色转化为高等教育的科学研究、人才培养,特别是学科建设的独特标志。这几个省高等教育竞争力的提升有赖于特色化发展路径,特殊的区位优势提供了高等教育国际化的发展契机。随着国家推进"一带一路"建设,滇、桂、黔三省在国家对外开放大格局中的地位更加凸显,积极打造面向南亚和东盟的教育合作高地,多措并举夯实合作基础、拓展合作空间、深化合作层次,借助南向对外开放的优势平台,促进了中国与东盟国家及其他共建"一带一路"国家的人员交流和教育资源共享,有效提升了自身高等教育的国际影响力。

作为面向东盟国家开放合作前沿窗口和"一带一路"有机衔接的重要门户,广西近年来在国家和省域层面均出台了推进高等教育国际化发展的系列纲领性文件。中央政府进行顶层设计,明确了广西面向东盟的高等教育国际化发展的方向;广西壮族自治区政府则具体落实了相关布局,全面规划了高等教育国际化的具体工作内容,包括开创高等教育对外开放新格局、提升与东盟国家的国际交流合作水平以及培养高端国际化服务人才等。广西高校积极响应"一带一路"倡议、西部陆海新通道、中国—东盟自由贸易区、《区域全面经济伙伴关系》(RCEP)等国家战略需求,抓住高等教育国际化发展的政策机遇,结合自身实际,制定了面向东盟的国际化发展战略。近年来,广西与泰国、越南、马来西亚、老挝、柬埔寨等东盟国家在高等教育领域开展了广泛合作,取得了显著成效。截至 2021 年 6 月底,广西与东盟各国建立了近 200 所院校的合作关系,吸引了 1.6 万名东盟国家的留学生,广西由此成为中国接收东盟国家留学生最多的省区之一。[①]

同时,贵州、广西等地区借助自身资源优势,突破学科壁垒,推动跨学科融合,促进分层次的教育建设和特色发展。比如,2022 年《国务院关于支持贵州在新时代西部大开发上闯新路的意见》提出"支持贵州围绕发展急需探索设立大数据类、工业类、文化和旅游类高校,推进部属高校结对帮扶贵州地方高校",贵州高校明确了特色化办学方向;广西的相关高校也主动对接国家和自治区重大战略需求,重点对准广西创新发展的现代工业、现代服务业、现代农业、民族文化产业等领域,调整优化专业布局,部署重点产业、支柱产业和新兴产业相关学科专业,为新时期高等教育找准特色、服务需求,走出差异化、内涵式发展道路提供了新的可能。

五、国家扶持驱动模式

作为一个国家整体发展不可或缺的部分,中西部地区的崛起已然成为促进我国经济社会平衡发展的迫切需求。高等教育不仅是知识传承和人才培育的重要阵地,更是推动地方经济社会腾飞的战略支撑,作为中西部地区振兴的内在引擎和关键筹码,其发展深刻影响着这一区域的全面复兴大计。然而,由于历史遗留问题、地理条件、经济基础等多重因素的影响,中西部地区高等教

[①] 许旭志."一带一路"背景下广西面向东盟的高等教育国际化路径研究[J].商业经济,2023(06):97-99.

育面临着艰巨挑战。正因如此，国家政策的扶持对于中西部地区高等教育的发展具有迫切性和重要性。

从 2001 年教育部启动实施"对口支援西部地区高等学校计划"开始，国家就针对西部教育发布了多项政策，扶持西部高等教育发展。2013 年 5 月，针对中西部高等教育改革发展的重要领域和薄弱环节，教育部、国家发改委、财政部三部委联合印发《中西部高等教育振兴计划（2012—2020 年）》，鼓励东部地区高等教育率先发展，支持中西部地区高等教育加快发展。2016 年，国务院办公厅印发《关于加快中西部教育发展的指导意见》，重点任务是提升中西部高等教育发展水平，在资源配置、高水平人才引进等方面加大倾斜力度，支持中西部高校建设一流大学和一流学科。甘肃、青海、宁夏、新疆、西藏等省域，高等教育的建设发展中得到了国家层面的大力扶持。2020 年 5 月，中共中央、国务院印发《关于新时代推进西部大开发形成新格局的指导意见》，支持西部地区高校"双一流"建设，继续实施东部地区高校对口支援西部地区高校计划。近年来，我国遵循重点投入、以点带面的战略思路，充分考虑到中西部各省的差异和特点，通过资源汇聚、政策叠加、资金支持等手段，引导社会资源向西部地区倾斜，吸引优秀师资、研究项目等资源聚集于此。一系列扶持举措为西部省份高等教育竞争力的发展提供了政策红利。

然而，这些国家层面的扶持政策和措施虽然取得了一些进展，但中西部高校发展水平仍低于全国平均水平，尤其是优质教育资源匮乏，高等教育与经济社会的融合度尚不够紧密，人才的吸引力和培养能力也相对较弱，支撑区域经济发展的能力不强。专项经费、对口支援等扶持举措，其实质仍是在行政主导与外力驱动下由东部高校输送人力、财力及技术等优质高等教育资源的援助或救助模式，这种偏重外援式的硬投入"输血"策略只能解决一时之困，完全依靠"输血"可能导致中西部高等教育主体性缺失。① 中西部高等教育全面振兴依然任重道远，因此仍需进一步凝心聚力，采取创新举措。国家扶持依然是中西部弱省未来很长一段时间高等教育发展刚性需求，但是扶持政策的着力点

---

① 李清煜，王书琴.我国西部高等教育政策的演进逻辑及其高质量发展进路[J/OL].重庆高教研究：1-15[2024-05-22]. http://kns.cnki.net/kcms/detail/50.1028.G4.20240307.1351.002.html.

要更加注重优化赋能,致力于催生中西部高等教育主体的内生动力。

第二节 中国省域高等教育竞争力的发展建议

理念和政策可推动省域高等教育的均衡发展,强化创新能力,提升人才培养水平,融入地区经济社会发展战略,从而实现可持续的发展模式,助力国家实现科技创新和经济发展的新局面。

一、全面实施"高等教育强省"战略,加强高等教育改革顶层设计

党的二十大报告明确指出,"加快建设教育强国、科技强国、人才强国",这是全面建设社会主义现代化国家的基础性、战略性支撑。

强国背景下党中央作出的重大战略部署和战略选择。教育强国是中国特色社会主义现代化强国思想的重要内容,代表着教育综合实力、培养能力、教育国际竞争力与影响力具有突出地位和世界影响。中共中央政治局于 2023 年 5 月 29 日就建设教育强国进行第五次集体学习。习近平总书记在主持中共中央政治局第五次集体学习时强调,要把高质量发展作为各级各类教育的生命线,加快建设高质量教育体系。建设教育强国,龙头是高等教育。要把加快建设中国特色、世界一流的大学和优势学科作为重中之重。[①] 习近平总书记的指示和要求,为我国建设高等教育强国、大力提升高等教育的影响力和竞争力指明了前进方向,提供了路径遵循。高等教育强国的基本内涵涉及高等教育自身发展水平、服务国家贡献能力、创新引领能力、国际影响力和人民满意程度等方面。在新时代加快建设高等教育强国的重大战略部署之下,各省、自治区、直辖市可以依循高等教育强国内涵,采取分区域、分步骤方式全面实施"高等教育强省"战略,加快建设高等教育强省强市,这是建成高等教育强国可操作的实践路径。

"高等教育强省"不仅是一个学术性概念,同时也是一个政策性概念,要发挥其政策导向作用。2005 年以来,江苏、浙江、广东、辽宁、陕西、云南等省相继

---

① 习近平.扎实推动教育强国建设[J].求是,2023(18).

提出建设高等教育强省的战略目标,高等教育强省逐渐从学术话语转向政策话语,成为省级政府统筹高等教育发展的战略目标。^① 可以看到,一些省份已经设计了本省新时代高等教育强省建设蓝图,开始扎实推进这一系统工程。比如浙江省 2018 年出台的《关于全面实施高等教育强省战略的意见》提出,到2035 年全面建成高等教育强省,具体来说,包括以下内容:"高等教育普及化程度达到发达国家水平,更多学科进入世界一流学科前列,若干高校建成世界一流大学;高质量人才培养能力明显增强,高质量拔尖创新人才、高素质应用型人才和技术技能人才结构优化;科研创新能力明显增强,产出一批重大基础研究成果和技术创新成果;服务支撑能力明显增强,高等教育形态和高等学校结构适应科技革命和工业革命发展需要,并有效支撑高水平全面建设社会主义现代化强国;综合竞争能力明显增强,高等教育的生态系统全面建立,高等教育具备较强的国际影响力和竞争力。"^②2023 年,浙江省高规格召开首次高等教育强省暨高水平大学建设工作推进会,会上重点强调要提高站位、把握大势,深刻认识高水平推进省域现代化,高等教育强省建设是"战略先导棋",是未来竞争的"制胜关键招",是实现共同富裕的"民生必答题",要将国家所需、未来所向、浙江所能、高校所强结合起来,强化特色优势,推动高等教育新一轮高质量发展。

随着教育强国战略的推进和深化,建设高等教育强省绝不能仅是少数发达省份的专属目标,各省都应将高等教育强省放在高等教育强国的大格局中。我国各省高等教育发展不均衡,支撑着省域高等教育发展的地方经济、文化传统也有着较大的差别,这就要求高等教育强省战略,需要确立与省情相符合的特色化理念、目标内容,积极探索实施特色化战略路径,找出局部优势,形成省域高等教育的制高点,成为推动区域经济社会高质量发展的重要抓手。高等教育强省战略应纳入各省改革发展日程,共同推进高等教育强国建设战略目标的实现。

---

① 吴立保,徐楠.高等教育强省建设的实践与路径:江苏的探索[J].江苏高教,2022(07):43-49.
② 中共浙江省委 浙江省人民政府.关于全面实施高等教育强省战略的意见(浙委发[2018]36 号)[EB/OL]. http://www.moe.gov.cn/s78/A02/gongzuo/fangguanfu/201905/W020190515295651145399.pdf, 2018-08-09.

二、强化政府的战略领导地位,统筹兼顾高等教育发展

(一)积极把握国家政策的宏观调控作用

在构筑高等教育强国的蓝图中,如何实现区域协调发展是亟待解决的重大问题之一。这不仅是我国社会经济发展的总体要求,也是高等教育均衡发展的内在逻辑。然而,单纯依靠各地区效仿高等教育强省的办学经验或是完全依靠自身积累来实现发展,都会面临诸多困难和挑战,进展缓慢且步履维艰。因此,解决这一问题需要国家政策的大力支持和科学合理的战略部署,通过政策倾斜、资源共享和机制创新,促进各地区高等教育的均衡发展,为建设高等教育强国奠定坚实基础。

国家政策在资源配置中拥有宏观调控的基础性作用,为了实现省域高等教育竞争力的协调发展,国家应该在政策层面给予更多倾斜性的支持,不仅停留在口头承诺,更需要付诸实际行动,尤其是一些具体可见、可触及的实质性支持。比如,增加财政投入,向中西部地区高等教育提供更多的经费支持,采取激励措施促进高等教育资源向欠发达地区流动;制定针对薄弱省份高校的特殊政策,包括在人才培养、科研项目评审、科技成果转化等方面都给予更大的支持;制定配套的人才引进、培养和留用政策机制,通过增加人才引进名额、提供住房、子女教育等优惠,吸引优秀人才到高等教育中西部地区高校长期从事教学和科研工作。除此之外,国家还可以鼓励中西部弱势高校与发达地区高校进行合作交流,共享资源和经验,通过联合研究、教师交流、合作办学等方式,提升中西部地区高校的学术水平和教育质量。我国在国家层面已经颁布了多项扶持性政策,还应当进一步细化政策细节,监督政策的执行。

(二)充分发挥地方政府主体性作用

当前我国高等教育管理实行的是中央和省级政府两级管理、以省级政府为主的管理体制。总体而言,决策在中央,落实在地方,关键在省级政府。由于我国各地区高等教育发展水平差距显著,各省级行政区作为相对独立的利益主体,必须充分发挥地方政府在本地区高等教育改革发展中的主体性作用,依托优势实现特色发展。

首先,强化省级政府的统筹管理职能。鉴于我国东、中、西部地区经济发

展水平和人才需求的差异,中央政府难以全面兼顾各地的实际需求,这就要求省级政府要在高等教育管理中承担更大的责任和权力。在领导本地区高等教育改革发展中,各地政府可以创新管理方法,优化管理流程,通过引入大数据、人工智能等新兴技术,实现高等教育管理的科学化、精细化和智能化。此外,省级政府还应建立高效的决策机制,广泛吸收专家学者和社会各界的意见和建议,确保决策的科学性和合理性。

其次,找准地区改革思路。省级政府在高等教育管理中应找准思路,根据本地的经济社会发展需求,制定适合地方实际的高等教育政策,着力发展具有地方特色的高等教育,因地制宜地推进高等教育的改革和发展。比如,通过结合本地区的产业结构和发展需求、区域内高校的发展现状和人才培养效果,调整和优化高等教育的学科专业布局,推动产教融合和校企合作。省级政府可以通过设立专项资金、提供政策支持等方式,及时调整和优化高等教育资源配置,鼓励高校根据地方需求设置特色专业,培养符合地方经济社会发展需要的专门人才。

最后,地方政府应充分发挥主体性作用,即必须主动作为,勇于担当,提高治理动力,拒绝懒政怠政。通过观察我国省域高等教育竞争力的历史变化和当前发展情况,无论是东部发达地区还是中部崛起省份,可以直观看到地方政府在推动高等教育竞争力提升方面起到的直接作用。因此,省级政府要加强本地区专项政策的制定和实施,建立健全政策执行的监督和评估机制,确保各项政策措施能够切实落地见效并得到有效监督和反馈。此外,还要增强服务意识,通过简化审批流程、提供资金支持、优化办学环境等措施,帮助高校解决实际困难,积极为高校发展提供支持和保障。

三、明确高等教育竞争方向,推动高等教育质量内涵建设

(一)把握高等教育育人根本,大力推进创新人才培养,建设高质量高等教育

面对新一轮科技革命和产业变革带来的新的时代挑战,科技和人才成为国际战略博弈的主战场,各国高等教育都面临着前所未有的国际竞争。从教育大国到教育强国的转变是一个复杂而深刻的过程,世界强国都是高等教育强国,我国建设高等教育强国需要不断推动改革创新,在教育领域追求卓越,

以适应时代的变革和社会的发展。在推进改革的过程中,创新应始终占据高等教育事业发展的核心位置。为此,我们需要全面激发知识、人才、技术等各类创新要素的活力,推动教育理念、实践模式和制度机制的创新以形成更为强大的创新合力,引领高等教育朝着适应时代发展和社会需求的方向前进。

相较于"一流大学和一流学科的数量和实力进入世界前列,基本建成高等教育强国"的宏伟目标,我们必须认识到当前高等教育的发展还存在不足,国际竞争力仍亟待提升。综合国力竞争说到底是人才竞争,是人才培养的竞争,因此建设世界一流的高质量的高等教育应优先从人才培养着手,以高层次拔尖创新人才培养为核心,从课程设置到教学方法,从学科交叉到实践环节,不断创新,重视跨学科、跨领域的合作,促进知识的交叉融合,从而培养出具备深厚学术素养、广泛视野和创新能力的人才。此外,应当建立起与国际领先水平相匹配的科研机制,促使原始创新在各领域迸发。同时,要积极与产业界、社会组织等合作,将知识转化为实际应用,为国家的创新驱动发展贡献力量。

(二)掌握高等教育发展规律,推动集群化发展,扩大集聚—溢出效应

我国正加快推进高等教育一体化发展,构筑全面的区域发展战略。"十四五"期间,高等教育领域的战略重点之一是以发展为导向,实施高等教育集群发展战略。在全球范围内,高等教育集群的集聚—溢出效应十分明显。以美国为例,其高等教育区域发展与区域产业相互融合,形成了一系列引人注目的高等教育集群。这些集群不仅在教育领域取得了卓越成就,更是为区域的产业创新和经济发展注入了持续的动力。美国洛杉矶地区的高等教育集群聚焦文化创意产业,其丰富的艺术和设计资源为该地区的影视、媒体、艺术等领域提供了强大的支持;伊利诺伊地区则紧密围绕农业科技产业,高等教育机构在农业领域的研究和创新取得了显著的突破;西雅图地区的制造业集群则以高等教育机构为支撑,推动区域内的制造业创新和发展等。在"一带一路"、京津冀区域、长江经济带、粤港澳大湾区、成渝双城经济圈等区域布局内,通过高等教育要素的优化组合形成高等教育集群,可以极大提升高等教育服务地区发展的能力,进一步发挥高等教育的集聚—溢出效应,形成良性循环的发展态势。各省可以根据自身的发展需求和优势,制定具体的政策和举措,推动高等教育集群发展,使高校融入产业集群中,为区域经济的持续发展贡献力量。

（三）释放高等教育要素活力，促进协同创新，发挥高等教育系统内外合力

新时代新征程，各省应当结合省域高等教育的实际，着力释放人才、资源等创新要素活力，进一步推进协同创新，通过科学统筹、资源整合和机制创新，凝聚高等教育系统内外合力，实现资源共享和优势互补。在高等教育系统内部，要充分挖掘高校在科研、教学和社会服务中的潜力。高校作为知识创新和技术研发的前沿阵地，拥有丰富的学术资源和创新人才。鼓励高校进一步解放思想，努力消除长期制约高等教育协同创新的体制性障碍，积极探索和实践新型人才培养、科研组织模式，通过与企业共建实验室、联合培养学生、围绕关键技术开展联合研究和技术攻关等形式，推动科研成果向实际生产力转化，提升成果转化效率。在高等教育系统外部，各省应统筹资源，推动多主体协同创新。加强高校与政府、企业、科研院所等多方主体的深度合作，完善政、校、企"三方联动"的运行机制，形成政策引导、资金支持、技术研发和人才培养的全方位合作机制，围绕区域经济社会发展的重大需求，建立产学研用结合的协同创新平台，实现优质教育资源共享，形成区域高等教育协同发展的良好局面。此外，加强对协同创新贡献度的评价和激励，尤其是建立对不同类型科技工作及其成果的科学评价考核、分类指导管理机制，强化对科研质量、自主创新能力及其标志性成果的考核评价，加强对应用性科技成果成熟度、与企业合作转移转化情况及对经济社会发展贡献情况的考核评价。

参考文献

一、中文参考文献

[1] [美]菲利普·阿特巴赫.比较高等教育:知识、大学与发展[M].人民教育出版社教育室译.北京:人民教育出版社,2000.

[2] [美]弗里茨·马克卢普.美国的知识生产与分配[M].孙耀君,译.北京:中国人民大学出版社,2007.

[3] [美]瑟夫·E.奥恩.教育的未来:人工智能时代的教育变革[M].李海燕,王秦辉,译.北京:机械工业出版社,2018.

[4] 王宇.10年间,河南GDP为何能跨越3万亿"大关"?[EB/OL]. http://www.ha.chinanews.com.cn/news/hncj/2022/0831/43882.shtml,2022-08-31.

[5] 梧桐果.毕业生流失率近7成,"中原都市圈"下,河南为何难留人?[EB/OL]. https://k.sina.com.cn/article_5896969764_15f7c9e2400100kgpp.html,2019-09-26.

[6] 别敦荣,杨德广.中国高等教育改革与发展30年[M].上海:上海教育出版社,2009.

[7] 曹淑江.高等教育体制分权化改革的理论分析[J].浙江社会科学,2006(01):126-130.

[8] 曾羽.中国高等教育制度变迁及创新研究[M].上海:复旦大学出版社,2015.

[9] 陈彬,温才妃.区域高等教育如何跨越"马太效应"陷阱[N].中国科学报,2021-03-09(05).

[10] 陈柳钦.区域竞争力内涵的多元化认知与辨析[J].当代经济管理,2010(11):50-56.

[11] 陈上仁,谢玉华.新中国60年高等教育发展观变迁:均等化·省域化·均衡化[J].教育学术月刊,2010(01):40-42+53.

[12] 陈伟,吴世勇.从科教兴国到教育强国:论邓小平影响下的广东高等教育[J].复旦教育论坛,2014(04):16-20+112.

[13] 陈伟.广东高等教育发展研究(1978—2008)[M].广州:暨南大学出版社,2008.

[14] 陈伟.论省域高等教育的发展模式创新:以广东为例[J].高等教育研究,2010(01):28-33.

[15] 陈伟.省域高等教育的中国式现代化探索:以广东为例[J].教育发展研究,2023(01):41-50.

[16] 陈伟.省域高等学校分类发展：政策逻辑与实践路径[J].教育发展研究,2020(03)：1-7.

[17] 陈先哲.高等教育从改革开放中汲取发展力量[N].中国教育报,2021-11-04(06).

[18] 陈先哲.城市竞争阶段升级与高等教育发展战略转型：深圳案例[J].高等教育研究,2020(09)：25-31.

[19] 陈卓.国内外城市竞争力评价研究综述[J].社会科学动态,2023(05)：73-80.

[20] 成文章.高等教育区域化发展研究——以桥头堡战略下的云南省为例[M].北京：科学出版社,2014.

[21] 程晓玲.急了,河南真的急了! [EB/OL]. http://www.nbd.com.cn/rss/zaker/articles/2073134.html, 2021-01-25.

[22] 城市进化论.山西,正在撕掉"高教弱省"标签[EB/OL]. https://36kr.com/p/1171313571022214,2021-04-06.

[23] 德勤团队.中国：迎接下一波增长浪潮[R].德勤公司,2014.

[24] 邓晓春.在决策咨询岗位上亲历辽宁高等教育35年巨变(之六)——"八五"期间辽宁高等教育改革与发展的实践探索与反思[J].现代教育管理,2014(01)：48-60.

[25] 邓晓春.在决策咨询岗位上亲历辽宁高等教育35年巨变(之一)——在"发展渴望"被"生存危机"所取代的岁月,大学教改遇到难以破解之题[J].现代教育管理,2010(08)：20-24.

[26] 丁晓昌.做强省域高等教育研究[M].北京：高等教育出版社,2016.

[27] 董鲁皖龙.扎根中国大地　奋进强国征程：新中国70年高等教育改革发展历程[EB/OL]. http://www.moe.gov.cn/jyb_xwfb/s5147/201909/t20190924_400593.html, 2019-09-22.

[28] 董星.河南省高等教育与经济协调发展的实证研究[J].教育评论,2014(09)：132-134.

[29] 杜尚泽,李林宝,董丝雨."东北来得比较多,我十分关心这里的振兴发展"[EB/OL]. http://politics.people.com.cn/n1/2021/1026/c1001-32263941.html, 2021-10-26.

[30] 杜希双.基普分析之十四：中国与发达国家知识经济发展比较分析[EB/OL]. http://www.stats.gov.cn/ztjc/ztfx/decjbdwpc/200306/t20030611_38566.html♯, 2003-06-13.

[31] 段续,高铭,杨青."新东北现象"引热议　走出迷茫会有期[EB/OL]. http://www.xinhuanet.com/politics/2015lh/2015-03/13/c_127579293.htm, 2015-03-13.

[32] 樊纲.论竞争力：关于科技进步与经济效益关系的思考[J].管理世界,1998(03)：10-15.

[33] 方芳,钟秉林."双循环"新发展格局下高等教育高质量发展的理论逻辑与现实思考[J].中国高教研究,2022(01)：21-27.

[34] 方惠坚,范德清.中国高等教育的改革与发展[M].北京：清华大学出版社,2000.

[35] 封海清,张磊.云南高等教育史[M].北京：科学出版社,2018.

[36] 改革开放以来的教育发展历史性成就和基本经验研究课题组.改革开放30年中国

教育重大历史事件[M].北京：教育科学出版社,2008.

[37]　高书国.教育指标体系：大数据时代的战略工具[M].北京：北京师范大学出版社,
2015.

[38]　高耀,刘志民.中国省域高等教育核心竞争力最新测度：基于因子和聚类分析法的实
证研究[J].江苏高教,2010(02)：39-41.

[39]　高耀彬,赵岩.在人才培养、科学研究和社会服务等领域全面发展：山西："1331工
程"助推高教崛起[N].中国教育报,2019-04-13(1).

[40]　广东省人民政府.广东常住人口1.26亿10年增2171万人　人口总量和10年人口
增量均居全国首位[EB/OL].http://www.gd.gov.cn/gdywdt/bmdt/content/post_
3279829.html,2021-05-12.

[41]　郭寿良.高等教育资源配置与高校财务经济效率分析[D].成都：西南财经大学,
2023.

[42]　国家教育发展研究中心.勋誉卓著　永铸丰碑：深情缅怀邓小平同志关心支持教育
的历史功绩[N].中国教育报,2004-08-20(3).

[43]　国务院.国务院关于支持云南省加快建设面向西南开放重要桥头堡的意见[EB/
OL].https://www.gov.cn/zhengce/content/2011-11/03/content_1396.htm,2011-
11-03.

[44]　韩喜平,常艳芳.论中国特色高等教育管理体制的改革路径[J].大学教育科学,2010
(03)：45-50.

[45]　郝鹏.以实施全面振兴新突破三年行动为引领　奋力谱写推进中国式现代化辽宁新
篇章——在中共辽宁省委十三届五次全会第二次全体会议上的讲话[N].辽宁日报,
2023-03-23(12).

[46]　郝瑜,孙二军.区域高等教育发展战略与政策保障[M].北京：社会科学文献出版社,
2014：204.

[47]　何小钢,罗奇,陈锦玲.高质量人力资本与中国城市产业结构升级：来自"高校扩招"
的证据[J].经济评论,2020(04)：3-19.

[48]　河南2009年GDP数据出炉增长10.7%,比全国高2%[N].东方今报,2010-01-23.

[49]　邢海玲.河南：着力破解缺人才难题[EB/OL].https://www.sohu.com/a/342710070_
124738,2019-09-23.

[50]　河南省教育厅.河南：将投入75亿资金支持郑州大学、河南大学"双一流"建设[EB/
OL].https://news.eol.cn/yaowen/202111/t20211108_2172679.shtml,2021-11-08.

[51]　河南省教育厅.积极支持河南省设立高等学校！教育部最新回复[EB/OL].https://
henan.sina.cn/news/z/2022-09-27/detail-imqqsmrp0618833.d.html?vt=4&cid=
56303&node_id=56303,2022-09-27.

[52]　河南省人民政府.政府工作报告[EB/OL].https://dsj.henan.gov.cn/2022/01-11/
2380700.html,2022-01-11.

[53]　胡建华.论省域高质量高等教育体系建设[J].中国高教研究,2022(01)：16-20.

[54]　胡耀宗.省域高等教育空间布局变化与规模分析[J].现代大学教育,2013(05)：

59 - 64.

[55]　皇甫林晓,梁茜.新中国成立 70 年来高等教育办学体制改革的历史回顾与未来展望[J].大学教育科学,2020(01)：73 - 79.

[56]　黄海刚,毋偲奇,曲越.高等教育与经济高质量发展：机制、路径与贡献[J].华东师范大学学报(教育科学版),2023(05)：26 - 40.

[57]　黄茂兴.竞争力理论的百年流变及其在当代的拓展研究[M].北京：中国社会科学出版社,2017.

[58]　黄艳,周洪宇.长江经济带高等教育竞争力测度及空间布局研究[J].中国高教研究,2020(03)：44 - 49.

[59]　惠婷.河南："一增一减"提升高等教育与社会融合度[EB/OL]. http://www.gov.cn/xinwen/2015-02/14/content_2819626.htm, 2015 - 02 - 14.

[60]　贾力军."一校一面"的山西实践：山西高等教育"三个调整优化"改革启示录[N].山西日报,2021 - 04 - 19.

[61]　姜四清,王姣娥,金凤君.全面推进东北地区等老工业基地振兴的战略思路研究[J].经济地理,2010(04)：558 - 562.

[62]　蒋飞,李相龙.广东经济分析报告[EB/OL]. https://finance.sina.cn/zl/2022-08-08/zl-imizmscv5290776.d.html?vt=4&cid=79615&node_id=79615, 2022 - 08 - 08.

[63]　蒋飞.山西经济分析报告[EB/OL]. https://finance.sina.cn/zl/2023-09-22/zl-imznqnyi5496628.d.html?from=wap, 2023 - 09 - 22.

[64]　蒋华林.从"条块分割"到"块块分割"[D].武汉：华中科技大学,2016.

[65]　教育部.关于高等教育毛入学率统计口径的问题[EB/OL]. http://www.moe.gov.cn/jyb_hygq/hygq_zczx/moe_1346/moe_1348/201909/t20190929_401597.html, 2019 - 09 - 29.

[66]　教育部高等教育司.历史性成就,格局性变化——高等教育十年改革发展成效[EB/OL]. http://www.moe.gov.cn/fbh/live/2022/54453/sfcl/202205/t20220517_627973.html, 2022 - 05 - 17.

[67]　金叶子.中国研发经费投入仅次于美国,与其他 G7 国家拉开差距[EB/OL]. https://m.yicai.com/news/101694703.html, 2023 - 03 - 07.

[68]　经济合作与发展组织.高等教育与区域：立足本地制胜[M].清华大学教育研究院,译.北京：教育科学出版社,2012.

[69]　康凯,高晓杰.提升高等教育竞争力是我国高教强国建设的核心[J].国家教育行政学院学报,2019(07)：8 - 13.

[70]　昆明理工大学.云南省科技厅：以科技专项方式支持昆明理工大学创建"双一流"[EB/OL]. https://news.eol.cn/dongtai/202110/t20211008_2161888.shtml, 2021 - 10 - 08.

[71]　来俊军.河南高等教育高水平发展略论[J].河南社会科学,2008(05)：164 - 166.

[72]　李均.新中国高等教育政策 65 年：嬗变与分析[J].大学教育科学,2015(02)：79 - 87.

[73]　李均.中国高等教育政策史(1949—2009)[M].广州：广东高等教育出版社,2014.

[74]　李胜利,解德渤.金砖国家高等教育质量比较——基于 2009—2015 年《全球竞争力报告》的分析[J].高等教育研究,2016(10)：97‑103.

[75]　李学.省域教育发展水平的实证研究——以湖南建设教育强省情况为例[M].武汉：华中科技大学出版社,2016.

[76]　李泽林,杨海燕.中国高等教育 70 年学生角色演变与培养方式变迁[J].北京教育(高教),2019(10)：87‑92.

[77]　刘斌,金劲彪.教育强国背景下高等教育强省战略区域实践研究[J].江西社会科学,2020(04)：243‑253.

[78]　刘昌乾.中国政府建设世界一流大学政策的变迁研究——基于渐进决策理论的视角[J].中国人民大学教育学刊,2019(01)：5‑15.

[79]　刘刚,龙微."一带一路"战略与云南教育对外开放[EB/OL]. http://www.zjchina.org/platform/service/zxnews/shtml/201609/10302.shtml, 2016‑09‑24.

[80]　刘国瑞.学科调整须与高教空间布局优化相统筹[N].中国科学报,2021‑05‑25(07).

[81]　刘国瑞.东北高等教育的现实困境：演进、致因与思考[J].高等教育研究,2021(09)：5‑16.

[82]　刘国瑞.我国高等教育空间布局的演进特征与发展趋势[J].高等教育研究,2019(09)：1‑9.

[83]　刘六生,姚辉.省域高等教育结构合理性评价研究[M].北京：科学出版社,2017.

[84]　刘六生.省域高等教育结构调整的理论与实证：以云南省为例[M].北京：人民出版社,2012.

[85]　刘六生.省域高等教育结构调整研究：以云南省为例[D].大连：辽宁师范大学,2011.

[86]　刘学良,续继,宋炳妮.中国区域发展不平衡的历史动态、表现和成因——东西差距和南北差距的视角[J].产业经济评论,2022(02)：152‑167.

[87]　刘英杰.中国教育大事典(下)[M].杭州：浙江教育出版社,1993.

[88]　刘月琴,侯文一,张湘滔.山西省教育[EB/OL]. https://www.edu.cn/edu/jiao_yu_zi_xun/nian_jian/nj2005/nj05_23/200911/t20091124_424078.shtml, 2009‑11‑24.

[89]　刘兆伟,马立武,王凤玉.东北高等教育史[M].沈阳：辽宁大学出版社,2000.

[90]　刘峥,倪鹏飞.中国城市教育竞争力发展研究：以 30 个样本城市为例.现代教育管理,2013(02)：29‑36.

[91]　刘志旺.高等教育竞争力评价实证分析：以山西高等教育为例[J].生产力研究,2008(06)：89‑90+124.

[92]　罗良针,张阳.省域高等教育结构调整的理论研究[M].南昌：江西人民出版社,2014.

[93]　马陆亭.高教 70 年：在服务国家建设中转型升级[N].中国教育报,2019‑09‑30(05).

[94]　马陆亭.做强高等教育　发力创新人才培养[N].中国教育报,2022‑09‑29(02).

[95]　马万华.功能分层：美国加州高等教育总规划的借鉴[J].中国高等教育,2008(02)：60‑62.

[96]　明绍庚,王笑梅.强化科教人才支撑　在塑造发展新动能上实现新突破[EB/OL].
　　　https://www.sohu.com/a/655770163_121484604,2023-03-18.

[97]　南阳发布.今年河南高等教育将这样发力[EB/OL].https://m.thepaper.cn/newsDetail_
　　　forward_21732254,2023-01-30.

[98]　倪鹏飞.中国城市竞争力报告[M].北京：社会科学文献出版社,2008.

[99]　倪鹏飞.中国城市竞争力理论研究与实证分析[M].北京：中国经济出版社.2001.

[100]　潘懋元,邬大光.世纪之交中国高等教育办学模式的变化与走向[J].教育研究,2001
　　　(03)：3-7.

[101]　潘垦.国家竞争力研究[J].外国经济与管理,2003(04)：10-14.

[102]　彭妮娅,黄红武.关于构建区域高等教育高质量一体化发展评价体系的若干思考
　　　[J].中国高教研究,2022(08)：24-29.

[103]　彭青龙,任祝景.科技创新与高等教育：访谈丁奎岭院士[J].上海交通大学学报(哲
　　　学社会科学版),2020(03)：1-11.

[104]　彭张林,张爱萍,王素凤等.综合评价指标体系的设计原则与构建流程[J].科研管
　　　理,2017(S1)：209-215.

[105]　瞿振元.稳中求进,锐意创新　深入推动"双一流"高质量建设[EB/OL].http://
　　　www.moe.gov.cn/jyb_xwfb/moe_2082/2022/2022_zl04/202202/t20220214_599086.
　　　html,2022-02-14.

[106]　山西省人民政府新闻办公室.山西举行"山西加快转型发展"系列主题新闻发布会
　　　(第二十场)推进教育科技人才振兴专场[EB/OL].http://www.scio.gov.cn/xwfb/
　　　dfxwfb/gssfbh/sx_13829/202310/t20231025_776142.html,2023-10-23.

[107]　邵宇,陈飞达.流动性经济学：全球竞争与中国创新体系的"短板"[EB/OL].
　　　https://m.thepaper.cn/wifiKey_detail.jsp?contid=16286748&from=wifiKey#,
　　　2022-01-06.

[108]　盛雷.辽宁老工业基地的历史和发展[EB/OL].https://www.lnskl.org.cn/10000/
　　　184590/2022613/1655082074138.shtml,2022-06-13.

[109]　史静寰,叶之红,胡建华等.走向2030：中国高等教育现代化建设之路[J].中国高教
　　　研究,2017(05)：1-14.

[110]　史欣向,陈子菁.贯彻落实新发展理念,加快推动广东经济高质量发展[N].羊城晚
　　　报,2023-03-16(A10).

[111]　宋伟.用新发展理念指导"双一流"建设[EB/OL].http://www.xinhuanet.com/
　　　politics/2017-05/02/c_129583090.htm,2017-09-25.

[112]　孙百才.测度中国改革开放30年来的教育平等——基于教育基尼系数的实证分析
　　　[J].教育研究,2009(01)：12-18.

[113]　孙承.与中国的竞争贯穿每一章节：美新版国家安全战略对华更趋强硬[EB/OL].
　　　https://www.voachinese.com/a/china-national-security-strategy-20221015/6790677.
　　　html,2022-10-15.

[114]　孙敬水.中国教育竞争力的国际比较[J].教育与经济,2001(02)：1-3.

[115] 孙颖,韩文嘉,刘越亚.南方科技大学：先行示范　探索新型研究型大学之路[N].2022-10-16(08).

[116] 唐晓玲."金砖国家"高等教育竞争力研究——基于巴西、俄罗斯、印度、中国的数据比较[J].现代教育管理,2018(09)：123-128.

[117] 唐滢,冯用军,丁红卫等.中国云南与东南亚、南亚高等教育国际化研究[M].北京：社会科学文献出版社,2017.

[118] 王伯庆.深度解读：高等教育与地区经济发展有何关系？[EB/OL]. https：//new.qq.com/rain/a/20200619A09UTG00, 2020-06-19.

[119] 王纯山.辽宁高等教育四十年：历程与成就[M].沈阳：辽宁大学出版社,1989.

[120] 王静修.中国高等教育现代化的构建与反思[M].北京：知识产权出版社,2017.

[121] 王李金,李培凤.山西高等教育60年的成就与启示[J].前进,2009(10)：14-17.

[122] 王素,方勇,孙毓泽.高等教育竞争力：模型、指标与国际比较[J].教育研究,2012(07)：122-129.

[123] 王喜平.山西高等教育的现状与对策[J].晋阳学刊,1999,(06)：27-30.

[124] 王伟光.开创高质量发展新局面[N].经济日报,2023-05-15(12).

[125] 王玉杰,刘东杰.中国沿海高等教育竞争力水平测度与区域经济耦合协调研究[J].生产力研究,2023(04)：54-58.

[126] 王运丽,赵晓明.转型发展形势下的山西高等教育[J].山西煤炭管理干部学院学报,2012,25(04)：165-167.

[127] 王战军,刘静,杨旭婷等.省域"双一流"建设推进策略研究[J].江苏高教,2019(10)：20-27.

[128] 王振宏,王莹.辽宁实施供给侧改革推进高等教育内涵式发展[EB/OL]. http：//www.gov.cn/xinwen/2018-07/26/content_5309466.htm, 2018-07-26.

[129] 王正青,王引,孙昕妍."一带一路"沿线国家高等教育竞争力水平测度与关联性因素研究[J].西南大学学报(社会科学版),2021(01)：112-123+227.

[130] 邬大光.把握高等教育发展的新格局：更加公平更有效率更具品质引领未来[N].光明日报,2020-11-10(14).

[131] 邬志辉.教育指标：概念的争议[J].东北师大学报(哲学社会科学版),2007(04)：119-125.

[132] 吴少敏.广东发布教育发展"十四五"规划　5年推动6所大学进入国家"双一流"[N/OL]. https：//news.southcn.com/node_54a44f01a2/19d6a69d06.shtml, 2021-11-02.

[133] 西南联合研究生院.研究生院概况[EB/OL]. http：//www.swugs.ynu.edu.cn/about-us.

[134] 夏鲁惠.我国高等教育体制改革40年回顾与展望[J].中国发展观察,2018(24)：5-9.

[135] 辛越优,倪好,林成华."一带一路"沿线国家的人才竞争力：排名、特征与启示[J].高校教育管理,2019(04)：8-17.

[136] 熊志翔等.广东高等教育现代化研究[M].广州：广东高等教育出版社,2000.

[137]　徐天伟,蔡文华,王源昌.云南高等教育发展水平评价——基于高等教育竞争力评价指标体系的实证研究[J].云南师范大学学报(哲学社会科学版),2013(04)：150 - 156.

[138]　许建领.地方高等教育跨越式发展研究——以深圳高等教育为例[J].中国高教研究,2022(04)：9 - 15.

[139]　宣勇,翁默斯.论高质量高等教育体系的系统建构[J].中国高教研究,2022(09)：25 - 31.

[140]　薛海平,胡咏梅.国际教育竞争力的比较研究[J].教育科学,2006(01)：80 - 84.

[141]　姚卓文.深圳高等教育超常规跨越式发展[N].深圳特区报,2020 - 07 - 14.

[142]　余立.中国高等教育史(下册)[M].上海：华东师范大学出版社,1994.

[143]　于畅,宋芳.东北老工业基地振兴十年辽宁高等教育与经济协同发展研究——基于高等教育弹性系数视角[J].高等农业教育,2014(10)：12 - 16.

[144]　云南大学.提升学校服务国家周边外交战略和云南省面向南亚东南亚辐射中心建设能力[EB/OL]. https://www.yj.ynu.edu.cn/info/1004/34092.htm, 2022 - 12 - 03.

[145]　云南省教育厅.《云南省人民政府办公厅关于印发云南省"十四五"高等教育事业发展规划的通知》政策解读[EB/OL]. https://www.yn.gov.cn/zwgk/zcjd/bmjd/202202/t20220209_236019.html, 2022 - 01 - 07.

[146]　云南省教育委员会.云南教育四十年 1949—1989[M].昆明：云南大学出版社,1990.

[147]　云南省人民政府.区位及面积[EB/OL]. https://www.yn.gov.cn/yngk/gk/201904/t20190403_96247.html, 2022 - 11 - 02.

[148]　云南省人民政府办公厅.云南省人民政府履行教育职责自评报告[EB/OL]. https://www.yn.gov.cn/zwgk/gsgg/202210/t20221017_248895.html, 2022 - 10 - 17.

[149]　云南省人民政府办公厅.云南省"十四五"高等教育事业发展规划[EB/OL]. https://www.yn.gov.cn/zwgk/zcwj/zxwj/202201/t20220105_234283.html, 2021 - 12 - 28.

[150]　张宝明.云南高等教育结构调整与改革要求[J].云南师范大学学报(哲学社会科学版),2006(05)：25 - 29.

[151]　张国祥.河南省高等教育发展战略研究[M].郑州：河南人民出版社,1999：11.

[152]　张金昌.国际竞争力评价的理论与方法[M].北京：经济科学出版社,2002.

[153]　张锁江.河南高等教育高质量发展须政策倾斜[EB/OL]. https://news.sciencenet.cn/htmlnews/2023/3/496006.shtm, 2023 - 03 - 13.

[154]　张文合.我国区域经济发展战略的转变与选择[J].经济研究,1989(10)：71 - 76.

[155]　张秀萍.中国省域高等教育竞争力研究[D].大连：大连理工大学,2013.

[156]　张轩.中国高等教育制度变迁研究[M].北京：现代出版社,2016：72.

[157]　张耀荣,黄循洛,张慧湘.广东高等教育发展史[M].广州：广东高等教育出版社,2002.

[158]　张哲,叶邦银,丁国勇.中国省域高等教育发展水平与经济社会竞争力协调发展评

价——基于离差系数最小化协调度模型[J].湖北经济学院学报,2020(06):32 - 41.

[159] 章正,王胜昔.河南:着力破解缺人才难题[N].光明日报,2019 - 09 - 22(01).

[160] 赵岩.山西实施高等教育"百亿工程"[EB/OL]. https://www.chsi.com.cn/jyzx/202303/20230301/2262616566.html,2023 - 03 - 01.

[161] 赵宏斌.教育竞争力是国家竞争力的基石[J].教育科学,2008(04):7 - 10.

[162] 赵庆年.区域高等教育差异发展问题研究[M].广州:华南理工出版社,2010.

[163] 赵存存,柳春元.五十年代初山西高等教育的"院系调整"及其影响[J].高等教育研究,2002(03):102 - 105.

[164] 中国教育报.非凡十年·广东教育|建设广东特色高质量教育体系[EB/OL]. http://edu.gd.gov.cn/jyzxnew/gdjyxw/content/post_4029166.html,2022 - 10 - 13.

[165] 中国新闻网.中国高等教育规模超俄罗斯印度美国居世界第一[EB/OL]. http://cn.chinagate.cn/education/2007-10/15/content_9056038.htm,2007 - 10 - 15.

[166] 中央教育科学研究所国际比较教育研究中心.中国教育竞争力报告·2010[M].北京:教育科学出版社,2011.

[167] 中国人民大学评价研究中心.高等教育强国指数发布[EB/OL]. http://erc.ruc.edu.cn/xwdt/zxxw/0872f39b98b54e7c8ee804a8eb2575c2.htm,2023 - 10 - 18.

[168] 钟明华,冯增俊等.教育现代化的伟大实践:广东教育发展 30 年[M].广州:广东人民出版社,2008.

[169] 钟曜平.铸就辉煌的教育道路——写在中华人民共和国成立七十周年之际[N].中国教育报,2019 - 09 - 29.

[170] 周群艳.区域竞争力的形成机理与测评研究[D].上海:上海交通大学,2007.

[171] 周群英,徐宏毅,胡绍元.高等教育国际竞争力比较研究[J].武汉理工大学学报(社会科学版),2010(06):903 - 908.

[172] 朱孔军.建设广东特色高质量教育体系[EB/OL]. http://www.moe.gov.cn/jyb_xwfb/moe_2082/2022/2022_zl21/202207/t20220729_649553.html,2022 - 07 - 29.

二、外文参考文献

[1] Anna Verbytska, Nataliia Kholiavko. Competitiveness of Higher Education System: International Dimension [J]. Economics & Education, 2020, 5(1): 7 - 14.

[2] Audronė Balkytė, Manuela Tvaronavičienė. Perception of Competitiveness in the Context of Sustainable Development: Facets of "Sustainable Competitiveness" [J]. Journal of Business Economics and Management, 2010, 11(2): 341 - 365.

[3] Attila Chikán. National and Firm Competitiveness: A General Research Model [J]. Competitiveness Review: An International Business Journal, 2008, 18(1/2): 20 - 28.

[4] Arthur Francis, P.K.M. Tharakan. The Competitiveness of European Industry [M]. London and New York: Routledge, 1989.

[5] Chiang Kao, Wann-Yih Wu, Wen-Jen Hsieh et al. Measuring the National Competitiveness

of Southeast Asian Countries [J]. European Journal of Operational Research, 2008, 187(2): 613 - 628.

[6] Competitiveness Policy Council. Building A Competitive America: First Annual Report of the Competitiveness [R]. Washington DC: Competitiveness Policy Council, 1992.

[7] David Attis. Higher Education and the Future of U. S. Competitiveness Higher Education [EB/OL]. https://www. educause. edu/research-and-publications/books/ tower-and-cloud/higher-education-and-future-us-competitiveness.

[8] David B. Yoffie, Benjamin Gomes-Casseres. International Trade and Competition: Cases and Notes in Strategy and Management [M]. New York: McGraw-Hill Companies, 1990.

[9] European Union. How Competitive Is Your Region? Commission Publishes the Regional Competitiveness Index [EB/OL]. https://ec. europa. eu/commission/presscorner/ detail/en/ip_23_1866.

[10] Fred Phillips, Ching-Ying Yu, Tahir Hameed et al. The Knowledge Society's Origins and Current Trajectory [J]. International Journal of Innovation Studies, 2017, 1(3): 175 - 191.

[11] Ben Gardiner, Ron Martin, Peter Tyler. Competitiveness, Productivity and Economic Growth Across the European Regions [J]. Regional Studies, 2004, 38(9): 1045 - 1067.

[12] Hilal Yildirir Keser. Effects of Higher Education on Global Competitiveness: Reviews in Relation with European Countries and the Middle East Countries [J]. Annals of "Constantin Brancusi" University of Targu-Jiu. Economy Series, 2015, 1(1): 58 - 68.

[13] The World Bank IEG. Higher Education for Development: An Evaluation of the World Bank Group's Support [R]. Washinton, DC: The World Bank, 2017.

[14] Jason E. Lane. Higher Education and Economic Competitiveness [C]//Jason E. Lane, D. Bruce Johnstone. Colleges and Universities as Economic Drivers: Measuring Higher Education's Contribution to Economic Development. New York: State University of New York Press, 2012.

[15] James N. Johnstone. Indicators of Education Systems [M]. Paris, France: Publications Officer, International Institute for Educational Planning, 1981.

[16] Karl Aiginger. Competitiveness: From A Dangerous Obsession to A Welfare Creating Ability with Positive Externalities [J]. Journal of Industry, Competition and Trade, 2006, 6(2): 161 - 177.

[17] Michael Kitson, Ron Martin, Peter Tyler. Regional Competitiveness: An Elusive Yet Key Concept? [J]. Regional Studies, 2004, 38(9): 991 - 999.

[18] Labas Istvan, Darabos Eva, Nagy Tunde Orsolya. Competitiveness-Higher Education [J]. Studia Universitatis Vasile Goldiş Arad, Seria Ştiinţe Economice, 2016, 26(1):

11 - 25.

[19] Maria Gabriella Grassia, Marina Marino, Rocco Mazzaet et al. Regional Competitiveness: A Structural-Based Topic Analysis on Recent Literature [J]. Social Indicators Research, 29 May 2022.

[20] Marco Kamiya, Ni Pengfei. Global Urban Competitiveness Report (2019 - 2020): The World: 300 Years of Transformation into City [R]. Nairobi: UN-Habitat, Beijing: Chinese Academy of Social Sciences (CASS), 2020.

[21] Marijk van der Wende. European Responses to Global Competitiveness in Higher Education [J]. Research & Occasional Paper Series, May 2009.

[22] Kathryn A. Riley, Desmond L. Nuttall. Measuring Quality: Education Indicators United Kingdom and International Perspectives [M]. Routledge, 2017.

[23] Michael E. Porter, Debra van Opstal. U. S. Competitiveness 2001: Strengths, Vulnerabilities and Long-Term Priorities [R]. Washington, DC: Council on Competitiveness, 2001.

[24] Michael E. Porter. Competitive Advantage of Nations [M]. New York: Free Press, 1998.

[25] Michael E. Porter. Competitive Advantage: Creating and Sustaining Superior Performance [M]. New York: Free Press, 1985.

[26] Mingyuan Gu. The Development and Reform of Higher Education in China [J]. Comparative Education, 1984, 20(1): 141 - 148.

[27] Mykola Palinchak et al. Competitiveness as the Basis of EU Regional Policy: Smart Specialization and Sustainability [J]. European Journal of Sustainable Development, 2021, 10(4): 227 - 239.

[28] Ngai-Ling Sum, Bob Jessop. Competitiveness, the Knowledge-Based Economy and Higher Education [J]. Journal of the Knowledge Economy, 2013(4): 24 - 44.

[29] OECD. Annual Report 2005 [R]. Paris: OECD, 2005.

[30] OECD. The Knowledge-Based Economy [C]//OECD. STI Outlook, Paris: OECD, 1996: 3.

[31] Paul Krugman. Competitiveness: A Dangerous Obsession [J]. Foreign Affairs, 1994, 73(2): 28 - 44.

[32] Paulo Santiago, Karine Tremblay, Ester Basri et al. Tertiary Education for the Knowledge Society [R]. Paris: OECD, 2008: 13.

[33] David Rutkowski. Towards An Understanding of Educational Indicators [J]. Policy Futures In Education, 2008, 6(4): 470 - 481.

[34] Sánchez de la Vega J C, Buendía Azorín J D, Calvo-Flores Segura A et al. A New Measure of Regional Competitiveness [J]. Applied Economic Analysis, 2019, 27(80): 108 - 126.

[35] Tai-Yue Wang, Shih-Chien Chien, Chiang Kao. The Role of Technology Development in

National Competitiveness-Evidence from Southeast Asian Countries [J]. Technological Forecasting and Social Change, 2007, 74(8): 1357 - 1373.

[36] Thomas C. Blair, Shiann-Far Kung, Meng-Dar Shieh et al. Competitive Identity of a Nation [J]. The Global Studies Journal, 2014, 8(1): 13 - 30.

[37] Timothy Hogan. An Overview of the Knowledge Economy, with A Focus on Arizona [R]. Tempe: Arizona State University, 2011.

[38] Tran Van Hung. Increasing the Global Competitiveness of the Vietnamese Higher Education System [J]. Journal of Science, 2019, 48(2B): 30 - 38.

[39] Yurii Chentukov, Volodymyr Omelchenko, Olha Zakharova et al. Assessing the Impact of Higher Education Competitiveness on the Level of Socioeconomic Development of a Country [J]. Problems and Perspectives in Management, 2021, 19(2): 370 - 383.